日本の遺跡 42

鬼ノ城

谷山雅彦 著

同成社

復元整備中の鬼ノ城遠景（左から角楼・土塁・西門）

復元された西門

鬼ノ城（鬼城山）全景（番号は本頁下と左頁の写真に対応）

①礎石建物跡群
右：礎石建物跡 7
下：礎石建物跡 6
（筆者撮影）

②南門（仮整備中）

③北門（発掘調査時）

④東門（発掘調査時）

⑤西門（発掘調査時）

随所に残る高石垣

明瞭に見られる版築土塁の痕跡と敷石跡

目　次

カバー写真　鬼ノ城西門遠景
装丁　吉永聖児

鬼ノ城

はじめに——古代山城とは、そして鬼ノ城とは

二〇一〇年は奈良平城京に遷都されて一三〇〇年にあたる。この都で七二〇年、およそ四〇年の歳月をかけて編纂された国史『日本（書）紀』三〇巻が完成した。この書物編纂を命じた天武天皇は完成をみることなく六八六年に没している。編纂事業にあたっては『国記』や『百済記』などの多くの書物が参考にされた。

さて、『日本書紀』には、天武天皇の妃の父で兄にあたる天智天皇の時代に古代山城築城の記事をみることができるが、ここに登場する古代山城はどのような山城であったのであろうか？　まずはここで、本書で紹介する鬼城山《きのじょうざん》（鬼ノ城《きのじょう》）など古代山城が登場した時代の相様をすこし概観してみよう。

六四二年頃、百済の王子豊璋は人質として倭国に渡来してきた。この時期の百済は高句麗に近づき、東隣の新羅を攻めていたが、苦境に立った新羅は唐へ援軍を求めていた。

一方、倭国では「乙巳《いっし》の変」を経て王権が朝廷を構成する豪族から制度的に自立するという安定時期にあった。こうした倭国で二〇年近くを迎えていた豊璋は六六一年、急に故郷の百済へ帰国することとなった。前年、百済の都泗沘城（扶余城）が唐・新羅の連合軍に敗れ、義慈王が降伏し、国が滅亡する危機が起こっていたのである。

豊璋は倭でも妃を迎え、戦乱の故郷へ王として帰ることになった。帰国に際し狭井連檳榔《さいのむらじあじまさ》ら五〇〇〇人の倭国人が援軍として半島に向かった。

故地で迎えてくれたのは、百済復興軍を指揮し戦っていた将軍、鬼室福信《きしつふくしん》であった。この後、豊璋と将軍は各地で唐・新羅軍と戦ったが、二人の

仲がしだいに悪化し、戦略においても意見が分かれるようになる。六六三年、倭国の増援軍二万七〇〇〇人が百済軍と合流するが、豊璋は不信感からか将軍を殺害してしまう。その後、白村江の戦いで倭水軍は蘇定方率いる唐水軍に大敗し、豊璋は高句麗へ逃亡した。

　敗戦にともない百済は滅亡し、多くの百済の貴族・遺民が倭国に渡ってきた。

　この敗北を契機として西日本に「城」が築かれたことが『日本書紀』の天智三（六六四）年から天智九（六六九）年に登場する。すなわち、唐水軍あるいは新羅水軍の襲来に備えるために築城されたのである。これ以前にも「塁塞」や「垣」などの文字はみられるが、「城」を築くという記述が登場するのはこの時期以降といわれている。

　古代山城には、こうした外敵に備えて築かれた「朝鮮式山城」、東北の蝦夷に対する「城柵」、また文献史料からはそうした築城の契機や由来のわからない「神籠石山城《こうごいしやまじろ》」が存在する。

　この本で紹介する鬼ノ城は、この神籠石山城である。

Ⅰ　鬼ノ城を取り囲む環境

1　位置と環境

現在、国指定史跡となっている鬼ノ城は、百済の王子（温羅《うら》）が居城とした城として、地元では古くから親しまれてきた城である。史跡指定の名称は山の名から「鬼城山」であるが、本書では一般に親しまれている「鬼ノ城」の呼称を使用し、本文中の指定・整備関係のところでは「鬼城山」を用いることとする。

吉備高原の南端に位置し、山頂から南は遠く四国山脈まで見通すことができる眺望絶景の地でもある。

鬼ノ城がある総社市は、中央を岡山県三大河川のひとつ高梁川が南流し、北部は山間が多く、南部は平野部が広がっている。高梁川の源流は新見市の花見山（一一八八^{メートル}）であり、本郷川、小坂部川、成羽川を合流し、吉備高原に深い渓谷をつくって南流する若い河川といわれている。

（一）吉備高原

岡山県の三分の二の面積をしめ、中国山地の南

図１　鬼ノ城遠景（上頂左に白く見えるのが西門）

から瀬戸内低地帯に至るまでの間に展開する標高二〇〇《メートル》から六〇〇《メートル》の高原状の山地は、吉備高原とよばれている。形成時期は、中生代に陸化し新生代に深成岩が迸入《へいにゅう》した以後と考えられている。

　吉備高原は、高原状山地というよりは侵食小隆起伏面を呈し、波浪状地形で残丘状の孤立峰がいくつかみられ、これらは新生代に形成された玄武岩からなるドーム状の峰も多い。県中北部の阿哲台では石灰岩台地があり、規模は秋吉台に匹敵するともいわれるカルスト地形が見られる。総社市では山地部に流紋岩類や泥質岩・砂質岩があり、丘陵部に山砂利層がみられるところもある。しかし、南部山地部で多く見られるのは花崗岩類である（図２）。

　鬼城山周辺に見られる深成岩である花崗岩は、後期中生代に地下で形成、その後ゆっくり隆起

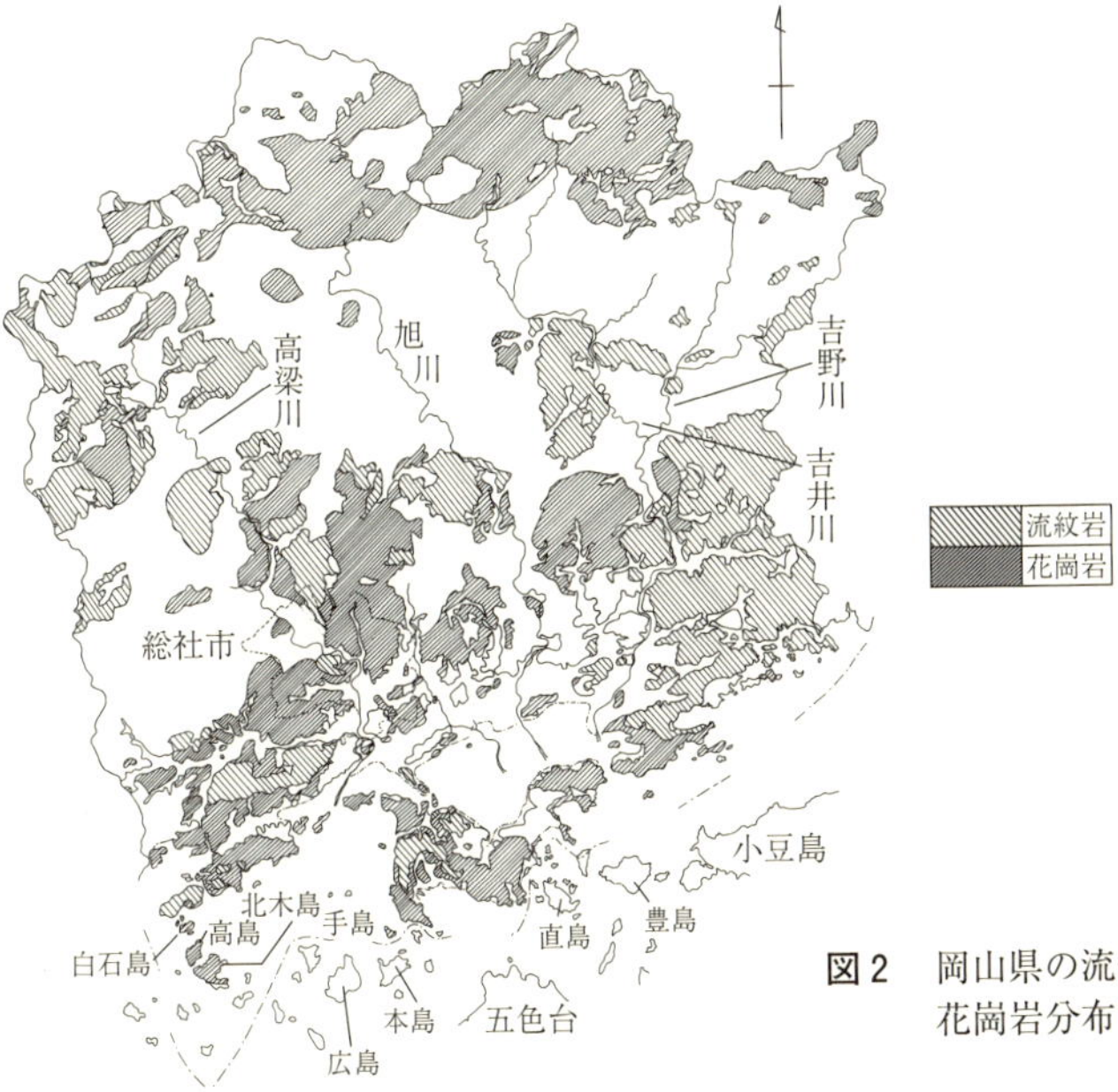

図2　岡山県の流紋岩・花崗岩分布図

し、その上にあった層が風化し露出したもので、重箱を重ねたように節理が発達する特徴がある。風化が進むとたまねぎ状構造ができ、鬼城山でも道の切り通し断面等に見ることができる。節理面で割れやすい性質があり、石材が容易に得られる。また、結晶が大きく節理が発達する性質から水の浸透が深層に及び、風化が深さ二〇〇メートルに及ぶこともある。

岡山県下に見られる花崗岩の多くは黒雲母花崗岩である。総社市の福山（標高三〇四メートル）では、中生代末の火山活動による花崗岩の貫入により泥岩などがホルンフェルス化した岩石も見られる。鬼城山周辺では中粒花崗岩が多く見られ、花崗岩生成末期に岩石の隙間に揮発性のマグマが貫入したアプライトやペグマタイトも見られる。これは、花崗岩が比較的浅い位置にあるときに認められる特徴である。アプライトは緻密で硬く板状に割れるため、鬼ノ城の敷石などに利用されている。

従来アプライトと認識していたこの岩石について、現地で岩石の専門家が調べたところ、山頂付近の岩石は流紋岩の特徴である斑晶が認められ、花崗岩より古い岩石が部分的に残っていることが判明した。この流紋岩は花崗岩と接触した際に熱変成作用を受け、石基部分が再結晶している。またこの流紋岩にマグマが接触した部分には細粒花崗岩も生成された。城壁の位置する部分はこの緻密な岩石がある部分とほぼ一致し、岩石の特性を活かして築城されたことを推測させる。敷石は流紋岩や他に細粒花崗岩・中粒花崗岩・アプライトなど緻密な石を選んで敷いている。なお、鬼城山のように山頂部に別の岩石が取り残されたものはルーフペンダントとよばれている。

図2は岡山県の流紋岩と花崗岩の分布を抽出したもので、県北部と南部に帯状の花崗岩分布が認められる。流紋岩は県北西と南東部に大きな広がりが認められる。

(二) 高梁川

岡山県には中国山地を源流とする三大河川があり、北から南へ吉備高原を浸食しながら沖積平野に流れ出す。最も西に位置する高梁川は、古くは川島川・松山川とよばれていたが、備中松山が明治になって高梁と改名されたのにともない現在の高梁川となった。高梁川は総社市域の西北端から泥質岩・砂質岩地帯から花崗岩地帯を蛇行し、深い渓谷を穿ちながら総社平野へ流れ出す。

(三) 総社平野

その高梁川両岸の平野部は同じ平野部であっても、地形形成の要因は大きく異なる。西部の平野

図3　足守川の周辺（奥は児島。さらに遠くに四国も見える）

部の中央には新本川が西から東へ流れやがて高梁川へいたる。新本川の両岸には大小の山があり、その山間から流れ出た雨水が集まってできたのがこの川である。山裾は段丘状となりその間を流れる小河川の近くには多くの集落遺跡が存在する。南の倉敷市に位置する小田川も規模は新本川より大きいが地形的要因は同様で、集落遺跡が多く分布する。古墳時代には平野に突出した丘陵頂部に前期古墳が、谷部の緩斜面には後期古墳が数多く築造されている。

一方、高梁川左岸の平野部では高梁川の氾濫により、旧河道として東方へ幾筋もの流路を形成している。これらは大量の土砂を運びこみ、微高地を形成していった。近年の市街地の調査において、この堆積土中から古くは縄文早期や縄文後期以降の土器片が出土することから、縄文時代を通じてしだいに平野部が安定していったことがわかる。しかし、川の氾濫がなくなったわけではなく、この平野部はたびたび洪水の被害にあい、河道の移動が起こっている。こうしてできた平野部の複雑な高低差のためか、遺構のある高所では後世の地下げが行われたため土砂の堆積は少ない。

平野部を横断する河道はやがて足守川へ注がれ、吉備の内海へとたどり着く。

先にふれた鬼ノ城眼下の低丘陵や平野部には、縄文時代や弥生時代以来の集落遺跡や数多くの古墳群が知られている。

鬼ノ城は、文献に記録がなく、築城の背景や契機、築城者の性格もまったく不明である。そのため少し長くなるが鬼ノ城周辺の歴史的景観を振り返ってみたい。

2 周辺の遺跡

(一) 鬼ノ城前史

旧石器・縄文時代

鬼ノ城眼下の総社の平野部では、わずかであるが旧石器や縄文早期の土器片が出土することから、この地域への人びとの往来はこの時期に開始したと考えられるが、まとまった出土にはいたっていない。旧石器は総社市井尻野の丘陵上で表採されている。また、縄文早期の押型文土器が総社市長良で出土している。一方、南の倉敷市街地は当時ほとんどが海で、早島や児島など文字通り瀬戸内の島であった。こうした海岸近くには貝塚が多く知られている。代表的な遺跡では羽島貝塚・里木貝塚・中津貝塚などがある。

倉敷市羽島にある羽島貝塚の下層には羽島下層式とよばれる縄文前期前半の遺物が見られ、その上に同じ倉敷市にある磯ノ森貝塚を標準遺跡とする縄文前期の磯ノ森式以降の遺物が堆積している。船穂町の里木貝塚から出土する遺物のうち、里木Ⅱ式は中国地方の縄文中期後半を代表する土器形式とされ、関東地方の加曾利E式に対応する土器形式であることが指摘されている。倉敷市玉

図4　上原遺跡出土の人面土製品

島にある中津貝塚の遺物の主体は縄文後期の中津式土器で、無文土器と施文土器が知られている。下層には早期の押型文土器なども含まれる。この貝塚では人骨も楕円形の墓穴に屈葬姿勢で埋葬されていた。出土した人骨の両腕には貝輪が認められ、耳の部分では鹿角製玦状耳飾も発見されている。

しかし、内陸部になる総社平野では古い時期の明確な集落などの発見はまだだが、平野の多くで縄文後期・晩期の土器等が出土するようになることから、このころには平野部の沖積化がかなり進んだと考えられる。とくに総社市南溝手の南溝手遺跡では、縄文後期の土器にもみ圧痕が認められ、稲作の開始時期を考える資料として注目をあびた。

同遺跡では、縄文晩期後葉の「丹塗り磨研」の鉢が出土している。この土器は器形の特徴や「丹塗り磨研」、黒斑があることなどから朝鮮半島との関係が考えられている。

弥生時代

縄文時代につづいて弥生時代に入るとしだいに集落の痕跡が明確になってくる。先の南溝手遺跡では弥生時代前期の住居跡から玉作りを行っていたことを示す遺物が出土している。総社市内では前期の遺物・集落は少ないが、南溝手遺跡では前期最古段階の遺構が確認されている。また、二〇〇九（平成二十一）年には高梁川右岸の上原遺跡の溝状遺構から人面土製品が出土している。これは頭部の形状を中空とし人頭大に表現したもので、「かぶる」か「かぶせ

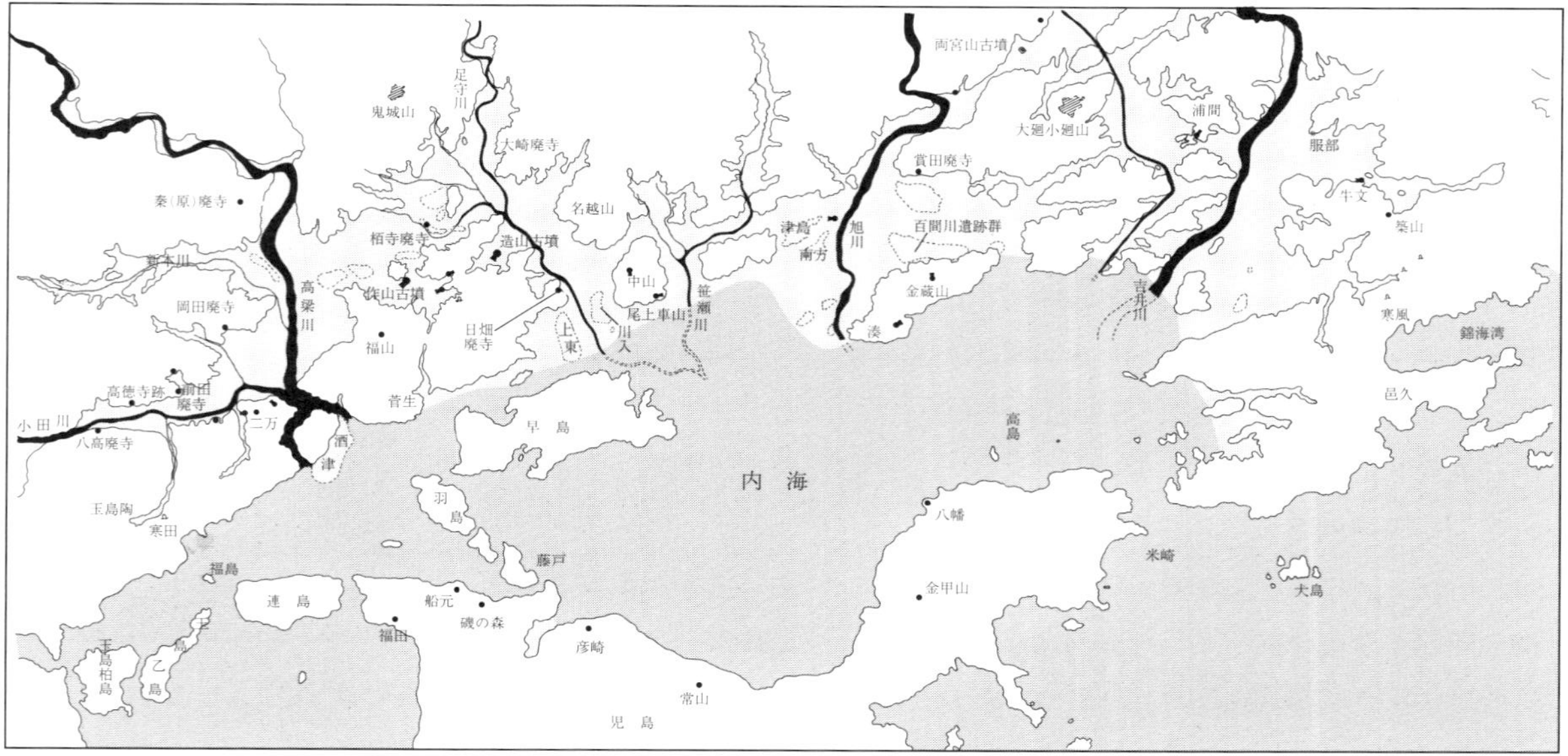

図5　瀬戸内の古代関連遺跡

る」ことが可能な土製品である。頭上にはひれ状の突起が認められ、鳥の鶏冠か頭髪を現したものと考えられている。

中期になっても、山間部への集落の拡散が見られるが非常に限られているようである。

しかし後期になると集落が増加する。総社市内の低丘陵部や河川両岸の微高地上では、開発工事にともなう調査により遺跡が多く見つかっている。また、足守川右岸の倉敷市上東遺跡では弥生時代中期末から古墳時代初頭にかけての遺構が多く見つかっており、とくに後期前半の遺構密度が高いとされる。集落の規模から広域な農業生産基盤をもち、また遺跡の標高が二メートル以下と低いことから海岸線も近くまで入り込み製塩も行っていたとされ、吉備中枢の拠点集落の一つと考えられる。一方、早島の丘陵上でも弥生時代中期から後期にかけての集落が調査されている。

弥生時代の終末期のものとしては、現在高梁川川床となっている倉敷市酒津遺跡から多量の土器が出土している。この遺跡は弥生時代中期から古代、さらに中・近世にまで及ぶことから、この地域の重要な地区であった可能性が高い。

弥生時代の墳墓をみてみると、特別な人物を埋葬したと考えられる特殊な墳丘が現れ、そこでは特殊器台・特殊壺などを用いた、この地方特有の祭祀が行われるようになる。この墳墓を墳丘墓とよんでいる。倉敷市楯築遺跡は弥生時代後期の墳墓で、径四〇数メートル、高さ約五メートルで北東と南西に突出部をもっていた。埋葬施設は木棺とそれを囲う木槨で構成されている。棺内には三二キロ以上の量の朱が敷かれていた。また、総社市三輪にある宮山墳墓群には前方後円墳状の墳墓があり特殊器台が出土している。墳丘には円礫の葺石があり、中心部には竪穴式石槨がある。副葬品として飛禽鏡

一、ガラス小玉一、銅鏃一、鉄鏃三、鉄剣一が出土した。この墳墓を古墳とみる考えもある。

　こうした特殊器台・特殊壺を用いた墳墓の分布をみると、備中南部を中心とし岡山県全体に広がる。また現在は広島である備後にも一部広がっていたようである。こうした集団の長（首長）とでもよべる人物の埋葬にともなう器物の広がりは、埋葬儀式において使用するという点で結ばれた諸集団のつながりを示し、それこそが吉備といわれるまとまりを示すひとつの基準なのではないかと考えられている。

前方後円墳時代

　三世紀の後半から四世紀になると、吉備では集落を見下ろす低い丘陵の稜線上に前方後円墳が築かれるようになる。しかし、吉備では今のところ箸墓古墳（奈良県桜井市）のような二八〇メートルを越える古墳はない。以下、吉備南部のこの時代を『岡山県史』の記述にしたがい紹介したい。

　吉備最古最大の前方後円墳は、墳長一三八メートルの浦間茶臼山古墳といわれている。浦間は現在の岡山市東部に位置し、吉備の中心地帯からやや東南に離れた場所で、吉井川と砂川に挟まれた地域である。出土した埴輪は特殊器台形埴輪と特殊壺形埴輪で、墳長が先述の箸墓古墳の二分の一に企画された相似形とみられている。このことは、古墳築造にあたって大和の大首長と吉備東辺の首長との間にきわめて親縁な関係が生じたことを意味する。また、近畿地方以外ではこの時期に限れば最大規模の古墳といわれている。この古墳は明治時代に乱掘されていたため、残されていた副葬品は少ないが、もとは銅鏡を幾面か保有し、多くの武器類が埋納されていたことが推測されている。

　一方、吉備の中枢に近い吉備津にある中山茶臼山古墳も、墳形や出土した埴輪から先の古墳と同様に前方後円墳成立期の古墳と考えられている。墳長は約一二〇メートル、高さ一二メートルと規模でも奈良県中山大塚古墳と同様である。

　こうしたぬきんでた規模の大古墳の被葬者は、副葬品が示すように祭事権と軍事権をもち、それにつづく中小の首長層とは区別される統治的首長層と考えられている。

　備中では中山茶臼山古墳につづく古墳として、同じ丘陵の端に尾上車山古墳が築かれる。しかしこれにつづくと考えられる時期（前Ⅲ期）になると、備前では前方後円墳が認められるが、備中は前方後円墳が採用できないような状況にあったと考えられている。次の前Ⅳ期になっても備前の金蔵山古墳が三段築成の前方後円墳であるのに対し、備中の佐古田堂山古墳は二段築成しか達成できておらず、このことは政権の内容が備前に対し脆弱であったことを示している。

　次の前Ⅴ期になると、きわめて大きな社会的・政治的な変革があったとされている。それは旭川下流東岸の首長墳がしだいに墳形の大型化を指向し実現させてきたが、前Ⅴ期になると突如として前方後円墳の築成が停止し方墳へと変容を遂げることに表れている。この首長墳の墳形の激変は一地域のみに限られた現象ではなく、超大型前方後円墳の造山古墳が造営される一方で大方墳の折敷山古墳が築かれているのも、吉備政権の革新を反映していると考えられている。

　岡山市加茂にある造山古墳は吉備最大、全国でも第四位の規模で、全長三五〇メートルを測る。造山古墳はほぼ同時期に築かれた石津丘古墳（大阪府堺市、三五六メートル）に次ぐ当時国内二位の大きさとする考えもある。この造山古墳の陪塚ともいわれる径約四〇メートルの榊山古墳からは、慶尚北道漁院洞など朝鮮南部から出土する銅製馬形帯鈎が出土して

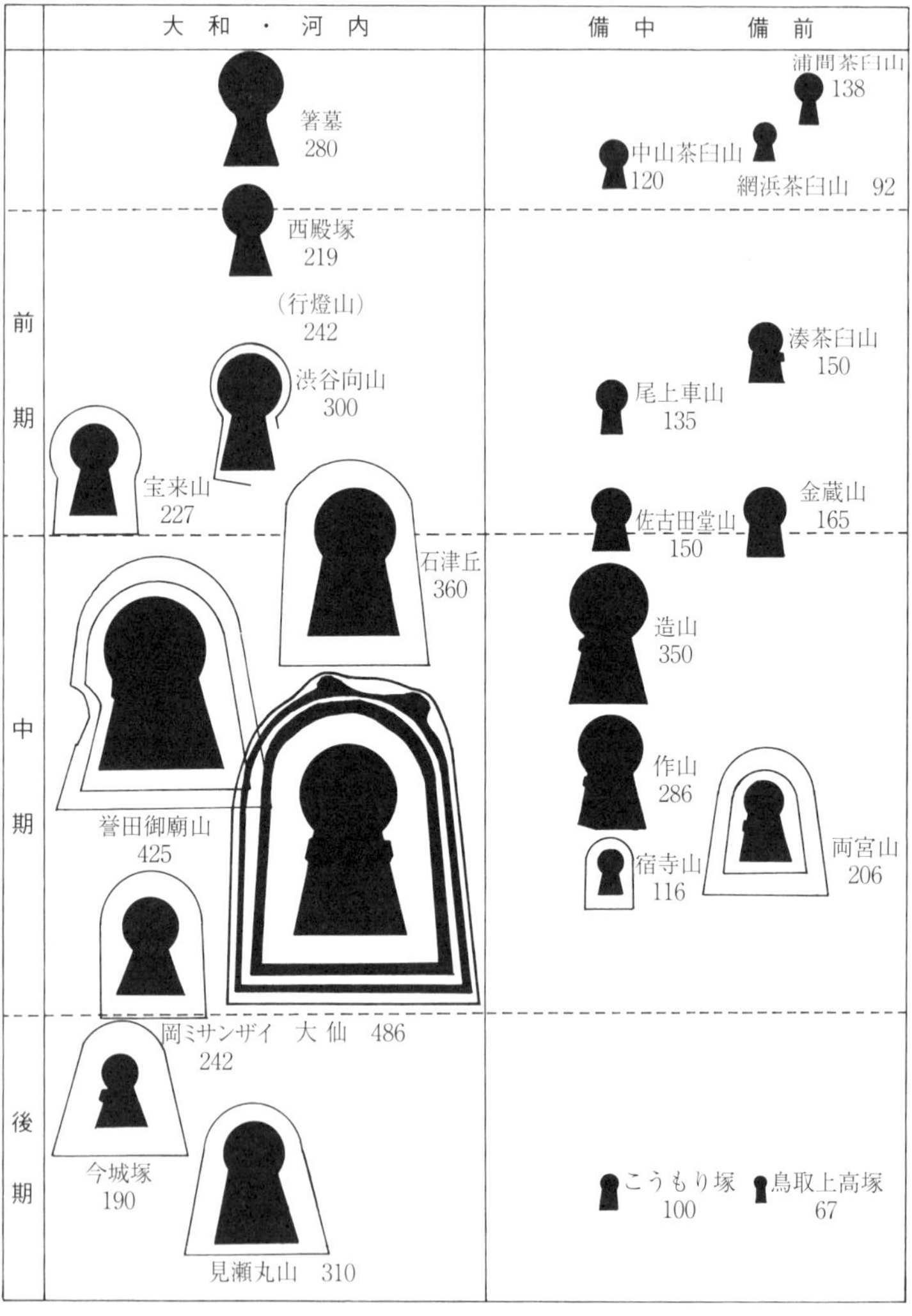
大和・河内
備中
備前
前期
中期
後期
箸墓
280
西殿塚
219
(行燈山)
242
渋谷向山
300
宝来山
227
石津丘
360
誉田御廟山
425
岡ミサンザイ
242
大仙 486
今城塚
190
見瀬丸山 310
浦間茶臼山
138
中山茶臼山
120
網浜茶臼山 92
湊茶臼山
150
尾上車山
135
佐古田堂山
150
金蔵山
165
造山
350
作山
286
宿寺山
116
両宮山
206
こうもり塚
100
鳥取上高塚
67

図6　畿内と備中・備前の古墳比較図

いる。また、墳丘からは伽耶系と考えられる陶質土器も出土している。とくに銅製馬形帯鉤は国内での出土例がきわめて少なく、この地域が朝鮮半島と密接に繋がっていることを想起させる。出土したのは一九二二（大正十一）年で、近くの千足古墳と同時に地元の人が発掘したため、どちらの古墳から出土したのかは明確ではない。

　次いで、総社市三須に所在する作山古墳は、全長二八六メートルを測る吉備二番目の規模である。吉備のこの二基は五世紀に造山・作山の順に築かれた。作山古墳を同時期の近畿地方の古墳と比較する場合、墳長がそれぞれの地域で最大のものを対象にするとすれば、墳長四二五メートルの誉田御廟山古墳（大阪府羽曳野市）が有力候補となり、吉備政権の力量が造山古墳の時期より著しく減じたといえるが、いぜん同時期では国内二位の規模といわれている。

　作山古墳の次に築かれた大型前方後円墳は赤磐市にある両宮山古墳で、吉備ではめずらしい二重周溝をもつ。先の作山古墳周辺では総社市上林の小造山と総社市宿の寺山古墳が築かれるが、規模は両宮山古墳には及ばない。吉備政権が両極分解した様相を物語っているようだとしている。鬼城山眼下の吉備の中心より、備前側の勢力が優位になった結果とも考えられる。どちらにしても、近畿の大王とは比較にならないほど差を広げられ、地方首長の地位になったといえる。

　この時期の古墳で、総社市奥坂にある随庵古墳からは鍛冶工具が出土している。また、窪木薬師遺跡では五世紀前半の住居から鉄素材の鉄鋌が出土している。これらのことから、この地域に鉄加工の技術集団が存在していたとされている。

　また、岡山自動車道建設にともなう発掘調査では、総社市福井から初期須恵器を焼成した奥ケ谷

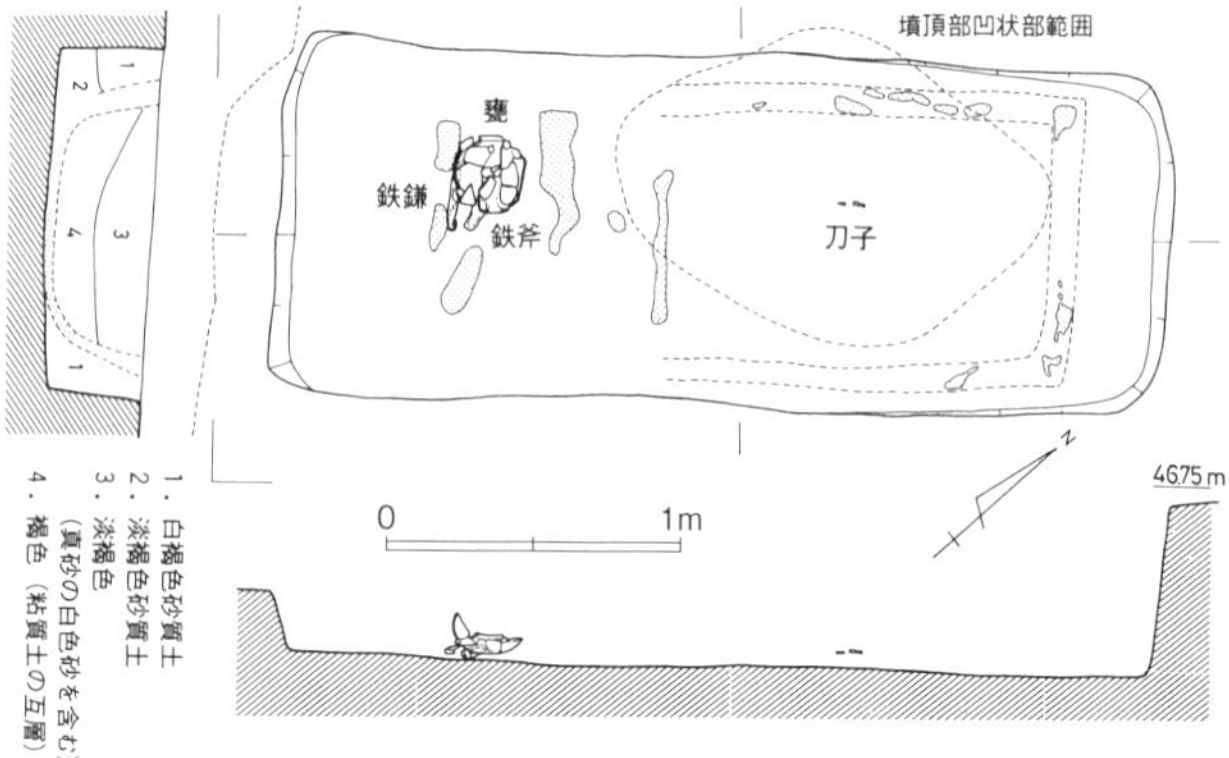

第20図　主体部と遺物出土状況

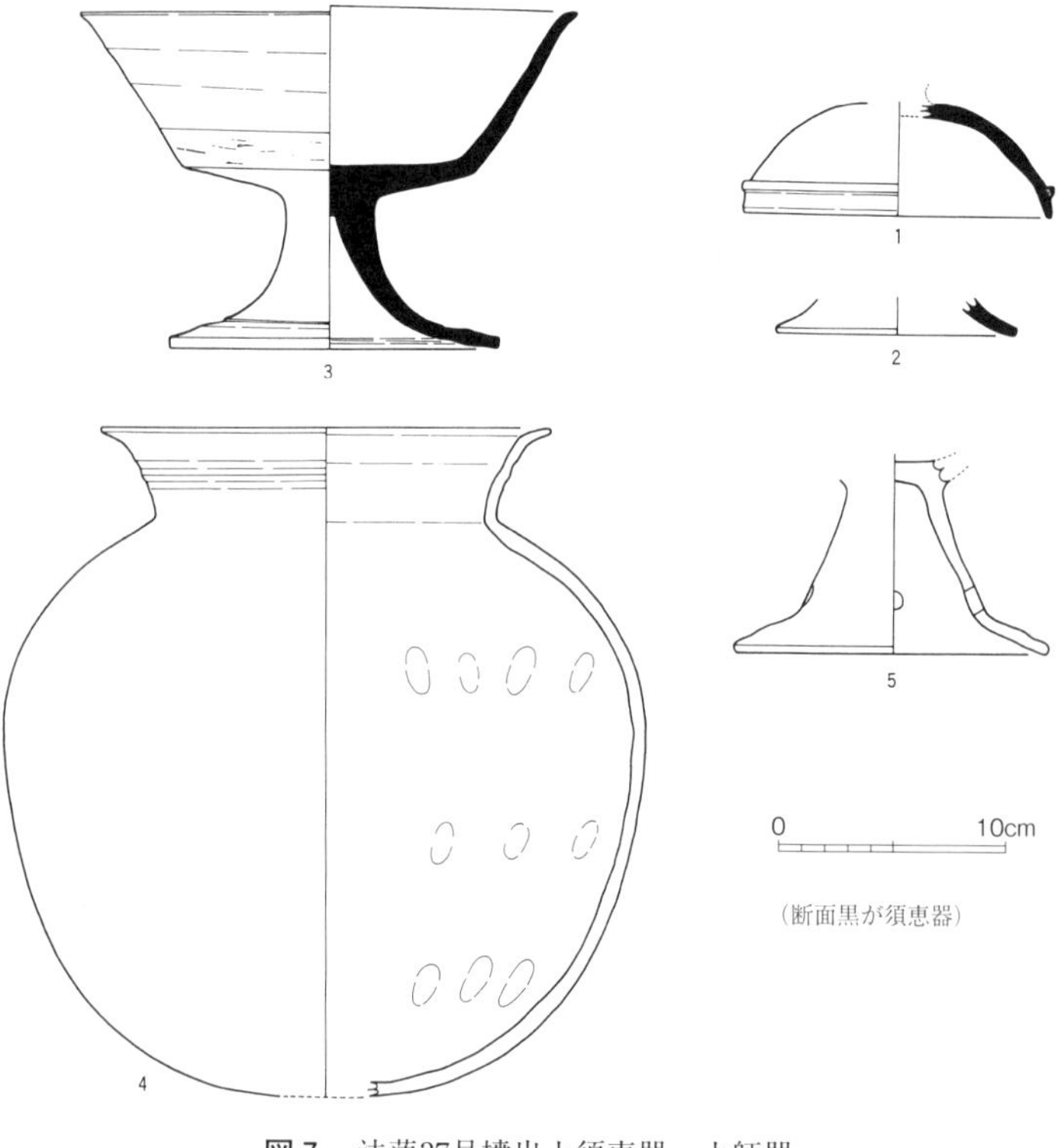

図７　法蓮37号墳出土須恵器・土師器

窯が発見されている。鍛冶など鉄以外に窯業も早くから取り入れていたことがわかる。さらに、五世紀前半の法蓮古墳群では初期須恵器高坏、陶質土器形態の土師器甕が出土している。また菅生小学校裏山遺跡や高塚遺跡などでも朝鮮半島との関係をうかがわせる遺物・遺構が出土している。これらの集落では五世紀前半の住居にカマドをもつものが現れ、朝鮮半島から伝えられたものと考えられている。

一方、高梁川右岸では小田川下流域で天狗山古墳や勝負砂古墳が築かれる。岡山大学の調査により埋葬主体部の構築方法が朝鮮半島のものと類似することが明らかになった。この時期に朝鮮半島と直接かどうかはわからないが、強い絆があったことがうかがえる。

六世紀になると岡山県内でも新しい埋葬施設が採用されるようになる。六世紀後半になると、こうもり塚古墳など大型の石材を使用した横穴式石室が築かれる。この古墳と岡山市牟佐大塚古墳、倉敷市箭田大塚古墳が岡山県の三大巨石墳とよばれている。これらの横穴式石室には、井原市で産する貝殻石灰岩（浪形石）を使用した刳抜式家形石棺が用いられている。この石材を使用した石棺が出土したのは、こうもり塚古墳、江崎古墳、金

図８　こうもり塚古墳の横穴式石室・石棺

子石塔塚古墳、牟佐大塚古墳で、倉敷市王墓山古墳からは組合式石棺が出土している。

このこうもり塚古墳は前方後円墳であり、全国でも規模の大きな横穴式石室で、墳丘規模でみると、この時期では中国・四国地方で最大の古墳の一つといわれている。吉備の中枢部の勢力がふたたび力を盛り返した結果ともいえる。

ほぼ同時期に高梁川右岸で小田川の右岸に二万大塚古墳が前方後円墳として築かれるが、墳丘・石室規模はこうもり塚古墳や箭田大塚古墳にくらべ小型である。

二万大塚古墳や箭田大塚古墳などの存在は、高梁川西岸の力がしだいに力を強めていたことを示している。ちなみに二万大塚の位置する一帯は、西方に向かう陸路と海上の航路とが交わる交通の要衝でもある。

（二）製鉄遺跡

現在判明している製鉄遺跡から、七世紀を通じ岡山県内に広く集落が増加していることがわかる。出土した鉄滓などの科学的調査結果から七世紀では鉄鉱石が使用され、八世紀になると鉱石の品質が低下するといわれている。製鉄遺跡に限っていえば岡山県内でいちばん多く調査された総社市の成果について、以下少し詳しくみてみたい。

奥坂遺跡群　一九八九（平成元）年からのゴルフ場造成工事にともない調査された「千引カナクロ谷製鉄遺跡」において、六世紀後半と考えられる製鉄遺跡が発見された。現時点でこの遺跡は国内でも最古級の製鉄遺跡であり、国内で製鉄がいつ開始したのかを考える上で重要な遺跡である。四号製鉄炉は長方形の下部構造をもち、炉の山手側にV字形の排水溝を設け大型の石を詰めている。このような炉の山手側に防湿設

図9　奥坂遺跡群（製鉄遺跡）分布図

備や炉下部構造をもつ製鉄炉は、この地で考案されたと考えるより、そうした知識をもつ製鉄技術者がこの地にきて指導、または自らが設置したものと考えられている。

このゴルフ場造成地では図9のように用地東尾根と中央の尾根が保存され、西から千引製鉄遺跡・くもんめふ製鉄遺跡・林崎製鉄遺跡・名越製鉄遺跡・新池奥製鉄遺跡・宮原谷製鉄遺跡が発掘調査された。個々の作業場の状況から、基本的には一作業場での操業は一基で、つくり変えが三回まで認められる。製鉄遺跡全体では製鉄炉が二〇基、製炭窯二四基が調査され、製鉄炉〇・八基に対し製炭窯一基の割合である。

製鉄遺跡で出土した須恵器をみると、千引カナクロ谷製鉄遺跡が六世紀後半、林崎製鉄遺跡が七世紀前半のものであり、少し時期が空き新池奥製鉄遺跡・宮原谷製鉄遺跡がともに八世紀前半のものである。

最古と考えられる千引カナクロ谷製鉄遺跡の四号製鉄炉をみると、炉上手にV字形に排水溝があり、炉下部構造である土壙の規模が大きく、長辺側に石が貼られている。これより新しい二号製鉄炉では山手側の排水溝の形状がU字形に変わり、下部土壙の底に石を敷くなどの変化が見られる。一方、谷を挟んだ北に位置する一号製鉄炉では、上手の排水溝はないが四号製鉄炉と同様に長辺側に石が配されている。四号製鉄炉から一・二号製鉄炉への変化としては製鉄炉の長辺側が急激に短くなる。三号製鉄炉では縮小がさらに進む。こうした縮小化の傾向は古い製鉄作業場ほど差が大きいようである。

これらより時期が下ると考えられる各遺跡の製鉄炉をみると、北東に位置する千引製鉄遺跡では排水溝がないが、炉床に礫が敷かれている。ま

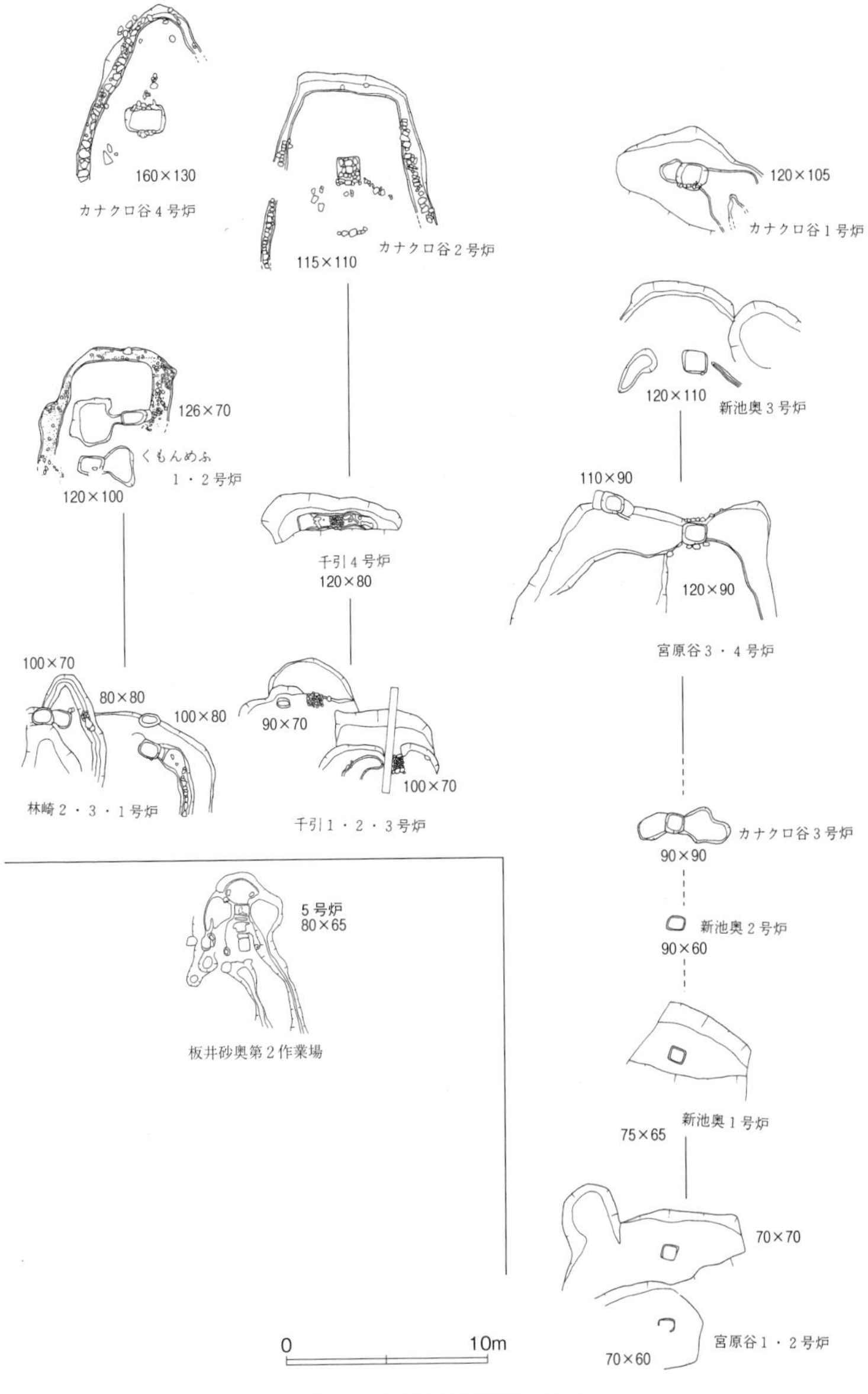

図10　製鉄炉規模比較図

た、千引カナクロ谷製鉄遺跡の南側に位置するくもんめふ製鉄遺跡と林崎製鉄遺跡では、炉床に礫は敷かれていないが、山手側に排水溝が設けられるなど、部分的な要素が引き継がれる。八世紀前半の新池奥製鉄遺跡・宮原谷製鉄遺跡では、製鉄炉が著しく小型化し正方形に近づくものがある。

製鉄炉の小型化は、送風装置の効率を上げるための工夫や原材である鉄鉱石の枯渇などが大きな要因と考えられる。千引カナクロ谷製鉄遺跡においても最も古い四号炉が大きく、二号炉、三号炉へと新しくなるに従い著しく小型化し、長方形から正方形に近くなる。規模では谷を挟んで存在する一号炉が四号炉と二号炉の間に入るが、排水溝は設けられていない。新しい製鉄炉で排水溝の設備をもたないものが多くなったことは、作業上の必要性が低くなったのだと理解できる。排水溝は製鉄炉が一定期間その場に存在することが前提で設けられることから、安定操業と不可分と考えられる。しかし、この地では鉄鉱石を安定して入手することは困難であり、炉内温度を効率よく上げることで鉄をより多く生成することを目指した結果が、製鉄炉の小型化ではないだろうか。

また、この遺跡群では製鉄炉よりも製炭窯の数が多いのが特徴で、さらに用地内で須恵器窯二基が確認されるなど、「窯」作業に必要な豊富な木材資源が入手できる環境であったと考えられる。

西団地内遺跡群

総社市内では先の奥坂遺跡群とは別の製鉄遺跡が調査されている。西団地内遺跡群は県内でもまとまった製鉄遺跡群であり、遺跡の位置づけは今後重要になると考えられる。最初に調査されたのは一九八六(昭和六十一)年の工業団地造成にともなう藤原遺跡であった。その後、この造成事業にともない製鉄遺跡が全体で五遺跡が調査され、製鉄炉六二基、製炭窯一六基が明らかになった。

ここでは、時期を決める遺物がほとんど出土しておらず、古墳との前後関係や考古地磁気法による年代から、七世紀前半に開始され八世紀初頭まで操業していたことが考えられている。

奥坂遺跡群の製鉄遺跡との違いは、製鉄炉の数に対し製炭窯の数がきわめて少ないことである。両者を比較してわかるのは、奥坂遺跡群の立地が一〇〇メートル級の丘陵から派生する小尾根間の谷部に位置するのに対し、西団地内遺跡群では舌状に延びる標高六〇〜五〇メートルの低丘陵の斜面部に位置することである。低丘陵であるため「窯」に必要な木材の供給には不向きであり、そのことが製炭窯の数に表れているのかもしれない。

一作業場での操業は基本的に一基であると考えられるが、奥坂遺跡群では最大三回のつくり変えがあったのに対し、西団地内遺跡群では五回以上のものがある。また、作業場が隣接して複数あり、製鉄工場群のような景観が存在していたといえる。製炭窯は一地区に三基が基本で、同じ地区でも沖田奥製鉄遺跡のように両斜面を利用する場合には六基となる。奥坂の林崎遺跡でも製炭窯が六基あるが、これも地区のなかに谷部が二カ所あるためと考えられる。

西団地内遺跡群では製鉄炉と製炭窯が同じ作業場で発見されることがあり、先後関係から製炭窯が先行し、同じ場所で窯を一部壊し製鉄炉を築く場合が見られる。また、逆の場合もある。こうした状況は製鉄炉と製炭窯の作業場を別々に造成するのではなく、先行してできた平場を有効に利用した結果と考えられる。また、一度製炭を行うことで周辺が除湿され、製鉄炉築造に適していることも要因として考えられる。

典型的な作業場を図11の下でみると、斜面部を

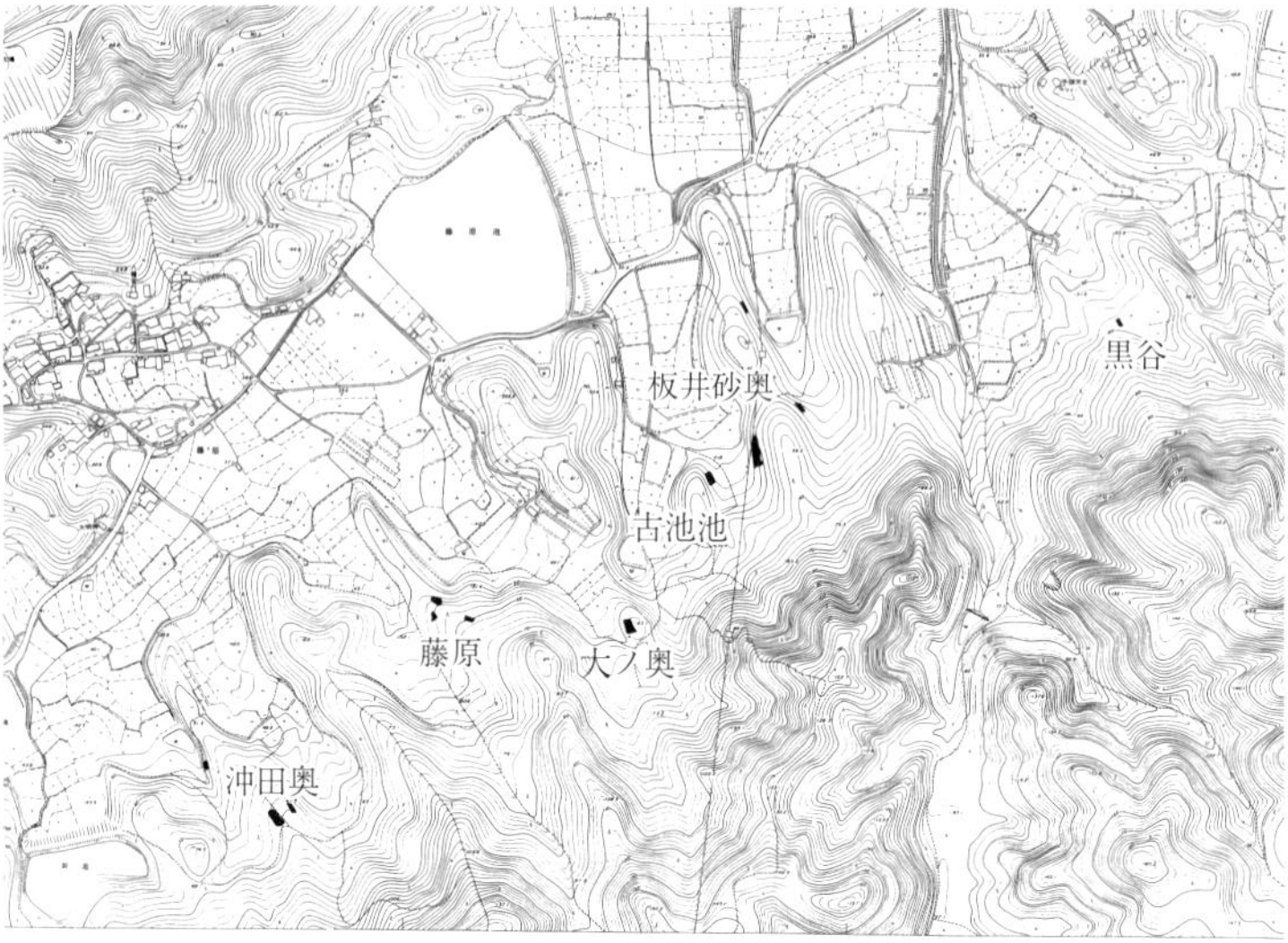

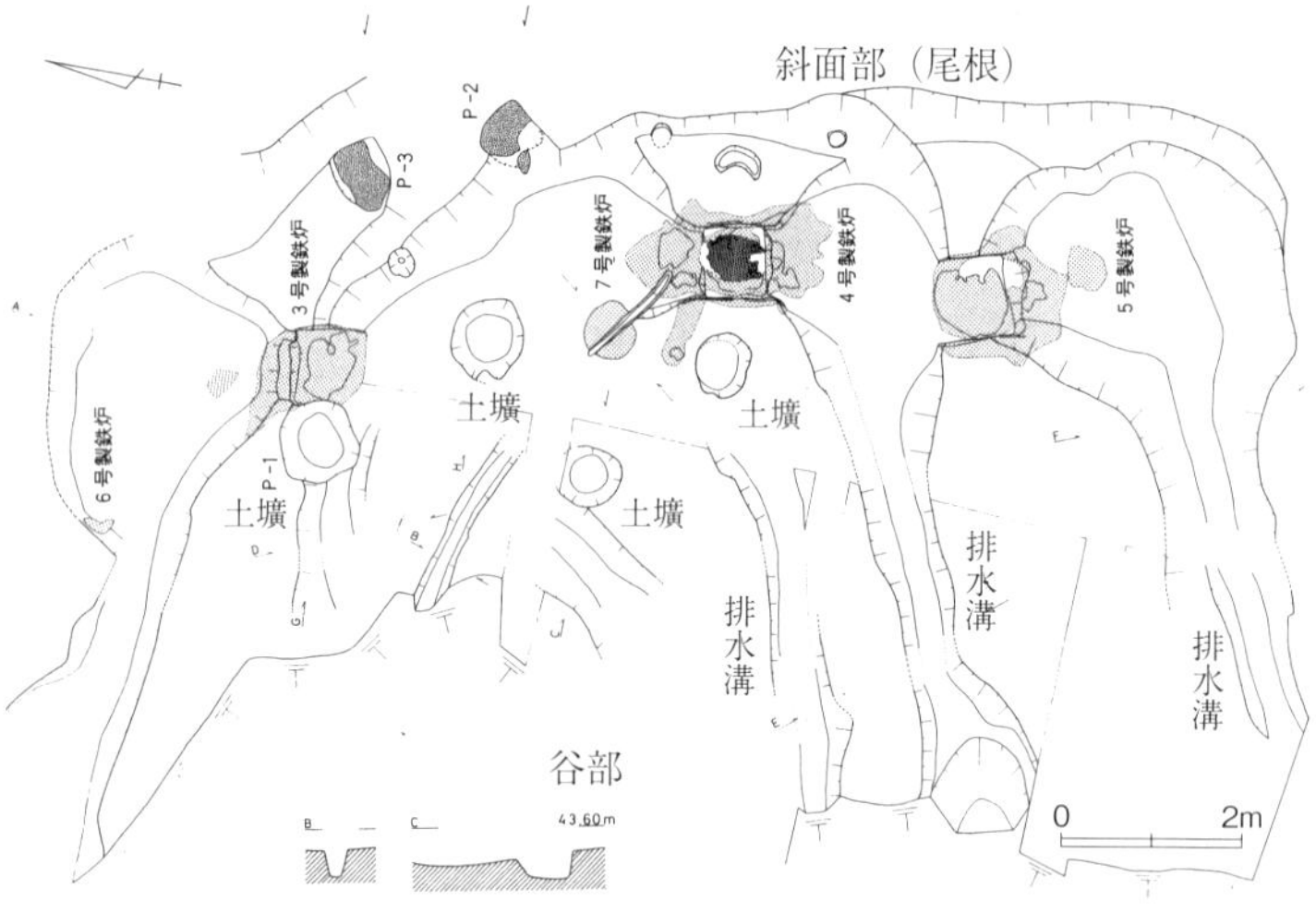

図11　西団地内・拡張地製鉄遺跡（上）と典型的な製鉄遺構

大きく削平することで平坦部をつくり出し、やや奥まった場所に製鉄炉を設け、尾根に向かって右側に谷へ抜ける排水溝を設け、左側には円形の土壙を掘る。この溝と土壙は製鉄作業に重要な役割をもつと考えられ、作業空間としても必要な面として考えたい。製鉄炉のつくり変えに際して左側の土壙は掘りなおしている。右側の排水溝は製鉄炉が大きく移動しない限り以前の溝を使用しているようである。

製鉄炉の構造は、鉄を取り出す際に炉そのものは破壊するため、下部構造しか残らない。この下部構造もさまざまで、深い方形の穴とするもの・比較的浅い方形の穴とするもの・両側の作業空間部より高いものなどがある。この製鉄炉下部の構造の差は作業場の立地とも深くかかわっていると思われる。谷に近いところでは深く、高い位置にあるものは浅くなるようである。おそらく地下水の影響を回避するため湿気を多く含むところでは深い穴を掘り十分燃焼し、高い位置の地山部分では浅くしていると思われる。

西団地内遺跡群では出土製鉄関連遺物の金属的調査を行い、製鉄原料が磁鉄鉱石と判明している。鉄滓内に残留した粒子や現場で採取された破砕調整された磁鉄鉱石が確認された。奥坂遺跡群においても製鉄原料が磁鉄鉱石であることが確認されている。

作業場左側に設置された土壙の性格については、水冷された熱履歴をもつ金属鉄があることから、でき上がった鉄を急冷させる水を蓄えるためのものと考えられる。

図12は製鉄炉下部構造である土壙の大きさをグラフにしたもので、西団地を基準に奥坂遺跡群の一部を入れてみた。全体の傾向として大型から小型へ縮小し、長方形から正方形に近くなるように

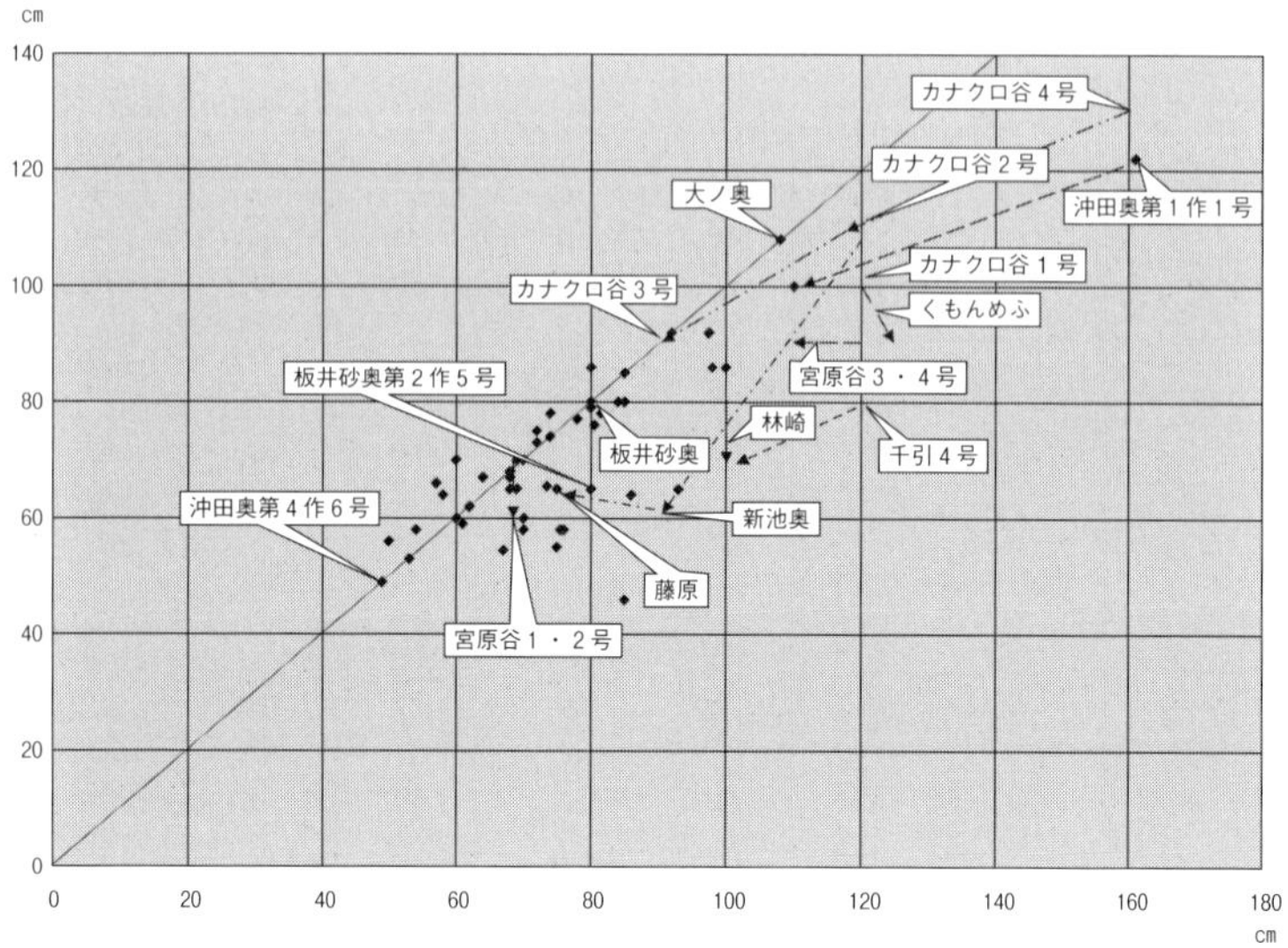

図12　土壙の大きさの比較

移行している。しかし、同じ規模（八〇㌢以下）でくらべると新池奥遺跡や宮原谷遺跡の製鉄炉には明確な廃滓溝がないが、西団地内遺跡群の大ノ奥製鉄遺跡などでは廃滓溝があるなどの違いがあるので、規模以外に廃滓溝の有無も考慮して操業時期を考える必要がある。

その他の製鉄遺跡

　これらの遺跡以外にも総社市内では、青谷川製鉄遺跡や長砂谷製鉄遺跡が調査され、市内の広範囲に製鉄遺跡が存在していることが判明している。この二遺跡の製炭窯は七世紀前半から中葉に築造された古墳により壊されていることから、七世紀前半以前には存在していたことがわかる。

　こうした例は総社市に止まらず、県北の津山市でも確認されており、岡山県内の製鉄が盛んに行われたのは七世紀を中心とした時期といえる。

(三) 集落について

こうした製鉄遺跡で製造された鉄がどこに運ばれ、精錬され加工されたかは解明されていない。しかし、奥坂遺跡群の南約四キロにある窪木薬師遺跡は、六世紀後葉から七世紀前葉にかけて、鉄器製作の専業集落であった可能性があるとされている。また、西団地内遺跡群の北西約二キロにある山田の砂子遺跡では、五世紀末葉~七世紀前半にかけての製鉄関連遺構・遺物が出土している。こうした集落遺跡から出土した鉄と、製鉄遺跡から出土した鉄との関連が科学的に証明されれば、製鉄から鍛冶までの流れが明らかになっていくものと思われる。

　この時期の集落では方形住居の一辺に竈をもつものが多くなり、また須恵器窯、製鉄などが広い地域で操業するなど社会に大きな変化がみられる。先の窪木薬師遺跡においても、調査報告書によれば六世紀前葉以降七世紀前葉にかけて集落の規模が拡大し集落全体で鉄器製作を行っていた。なかでも六世紀後葉段階では鉄器製作の専業集落としての性格が見られるとしている。

　また酒津遺跡でも古墳時代には遺跡が広がり、急速に水田化された時期といわれている。

(四) 寺院の建立

古代では、高梁川左岸の足守川周辺に北から栢寺廃寺などが現われる。大崎廃寺、日畑廃寺と多くの白鳳寺院が立ち並ぶ壮観な景観があった。また、奈良時代になると官道山陽道沿いに備中国分寺、国分尼寺が建立され、高梁川右岸でも県下最古といわれている秦（原）廃寺や箭田廃寺が建立され、遅れて白鳳期には岡田廃寺、八高廃寺などが建立されるなど、鬼ノ城眼下がまさに吉備の中心地であったことがうかがえる。また、先の古墳

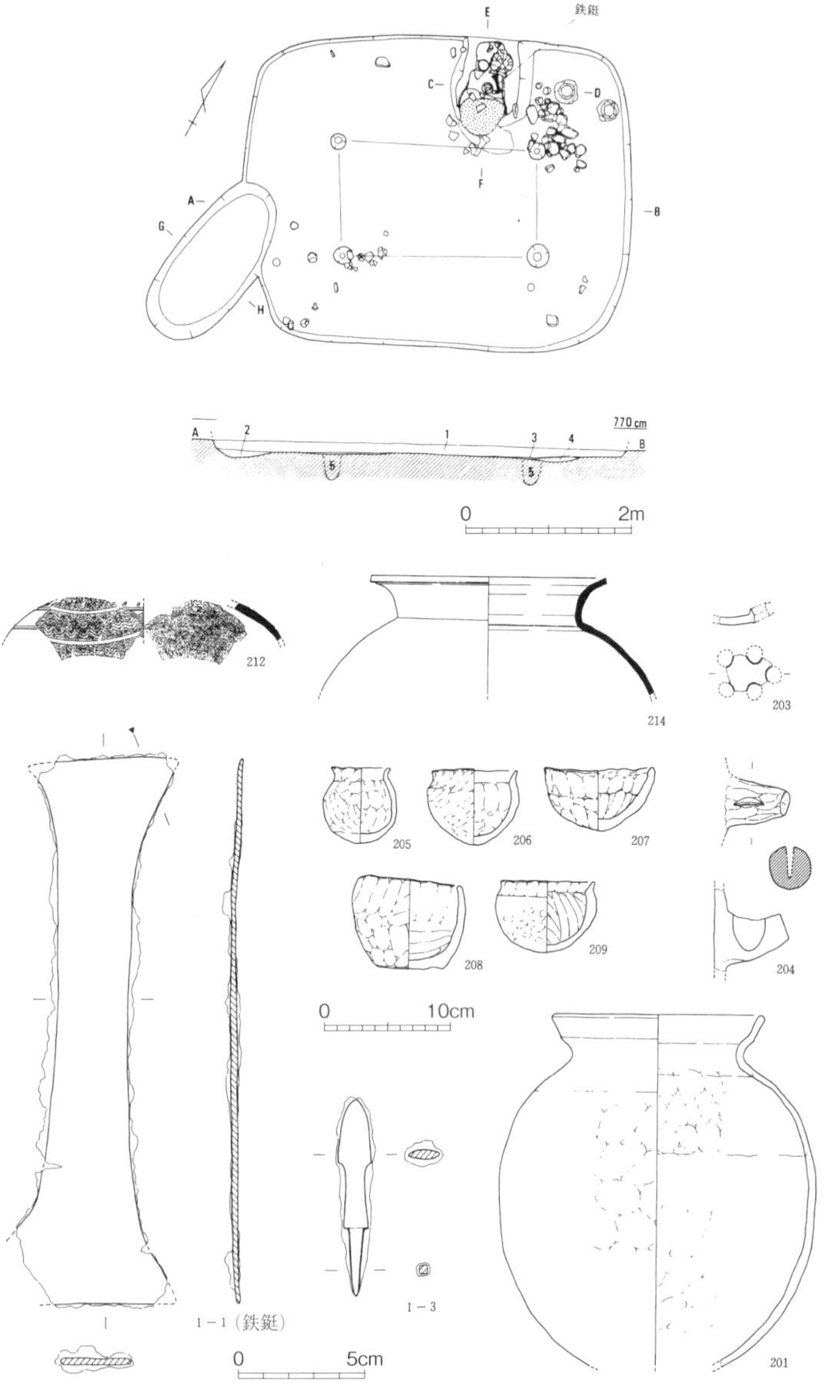

図13　窪木薬師遺跡の遺構（上）・遺物（下）

で見たように備中南部において高梁川を挟んで東西に勢力が分散したのがより鮮明になっている。

足守川周辺では寺院以外にも瓦を出土する遺跡が知られている。かつて寺院跡といわれていた矢部遺跡は、塔心礎がないことや出土瓦が奈良時代後半期で中央官衙系の瓦が主にみられることから駅家跡と考えられ、『延喜式』にみられる津峴駅家に比定されている。

また、山陽自動車建設や市道中撫川平野線建設にともなう発掘調査では、末ノ奥第四号窯から出土した角端点珠瓦と同種の瓦が出土している。この瓦は、大和・奥山久米寺の「AⅡ型式」との類似が指摘されている。末ノ奥第四号窯は大和豊浦寺の瓦供給窯の一つと推定されているが、先の瓦とともに蘇我氏との関係が想定されている。こうした瓦が出土した地点をみると、窯跡から津寺、政所遺跡を経由し、足守川を河口に下った撫川までつながる線が見えてくる。このため生産地から積み出し港を結ぶ中継地として津寺遺跡と政所遺跡があることとなる。この積み出し港を含めてこの付近に吉備津があったと考えられる。

また、高梁川河口の酒津遺跡では奈良時代から平安時代の遺物が多く認められ、そのなかに瓦が含まれることから、津があった可能性が推定されている。

吉備の内海には吉備津と酒津という重要な港があったことになる。とくに酒津の西には邇摩郷があり、百済救援軍としてこの地で二万の兵が集まった記述があることは注目される。

(五) 山岳仏教

鬼ノ城周辺では寺院関連遺跡が存在することが早くから知られていた。現在残っている建造物では岩屋寺がある。ここには「鬼の差し上げ岩」とよばれる巨岩があり、温羅伝説との関連で訪れる人も多い。

鬼ノ城の北西部一帯には現在も新山・岩屋の集落があり、この地に山岳仏教寺院関連施設が多く存在していた名残をみることができる。

平安時代末期には「備中新山」「備中の新山別所」ともよばれ、高僧成尋や定秀上人が新山で修行したことが知られ、全国に名高い霊場であったといわれている。鎌倉時代にも東大寺再建を行った重源が備中別所に浄土堂一宇を建立し、丈六の阿弥陀如来像を安置したとされる。

重源は宋に渡り修行した後、栄西とともに帰国し、養和元（一一八一）年に焼失した東大寺再建の勧進職に補されている。東大寺再建のため造営料国として、文治二（一一八六）年に周防国が、建久四（一一九三）年に備前国があてられた。備前国であった岡山市万富にはこの東大寺再建のための瓦窯が存在する。また、重源が記した『南無阿弥陀仏作善集』から、備前国において常行堂や大湯屋をたてたことや、先の備中別所に浄土堂をたてたことがわかる。『備中誌』では、蛇嶽十六坊、新山菩提寺屋敷十四坊、嶽寺塔坂八坊が新山周辺に存在したとする。

新山にある総社市指定史跡「鬼ノ釜」は、寺院関連の湯釜と考えられ、山口県にある阿弥陀寺に伝わる重源ゆかりの釜と形態・鋳造技法などが酷似している。また、山裾にある阿曽の集落は鋳物産業が盛んな地であった。鋳物の起源は確定できないが、平城宮跡から出土した木簡に「備中国賀夜郡□□□□鉄一連」・「大井鍬十口」などがある。また『延喜式』には備中国の調として鉄・鍬・塩を、庸として米・鉄を納めていることなどから、起源はかなり古いと考えられる。この釜は新山の湯釜谷から享保七（一七二二）年に掘り出

図14　鬼ノ釜（右）と山口県阿弥陀寺の湯釜（左）

されたものである。

新山周辺などで出土した瓦の特徴から、平安時代初期と考えられるものや、内区を七宝文で飾るめずらしい軒丸瓦もあり、都との関係も考えられている。

二〇〇七（平成十九）年の岡山県教育委員会による鬼城山城内確認調査で検出された、南面する掘立柱建物も平安時代の建物と考えられ、山岳仏教関連遺構が城内にも存在することが明らかになった。新山と岩屋との関係はわからないが、両集落のほぼ中間位置にある鬼城山においても寺院関連遺構が明らかになったことで、この三地点を結ぶ広い範囲に山岳仏教の遺構が広がっているといえる。

古代山城では、城の機能を停止すると、その場所に寺院・神社が建立されたことが大野城（福岡県）や石城山（山口県）などでも知られている。古代山城が人を寄せ付けない高所に築かれたことや、国を守るための防御施設であったことが寺院建立の契機になったのかもしれない。

II　鬼ノ城再発見

1　謎の城の解明へ

(一) 名称の由来と伝説

この地方では、この山は通称「鬼ノ城」とよばれていた。この名の由来は、やはりこの地方に伝わる「鬼退治神話」によるとされており、この神話は『吉備津宮縁起』や『備中集成志』などに現れる。藤井駿の研究では、吉備津神社の社僧本願寺の本山であった金山寺に伝わる『吉備津宮勧進帳』(天正十一［一五八三］年)にその原型と思われる話があることから、室町時代の末期には成立していたとしている。この神話にはいくつかの異説があるが、古くは「鬼神」とよばれており、「温羅」の名称が現れるのは江戸時代になってからといわれている。

『備中集成志』(宝暦三［一七五三］年)では「……奥坂村ノ枝山中ニ鬼ノ城ト云高山有。古鬼ノ籠リシ城郭トテ号鬼之城。……鬼トハ神也。陰之霊也。是ヲ鬼ト云。……」とある。

『備中誌』(嘉永六［一八五三］年)では「……百済国之人来りて窟山鬼ノ城ニ籠り……」とあ

る。また、「……宮内加陽為徳が略縁紀に八彦命に温羅鬼神の名也……」としている。

江戸時代に完成した神話の概要は、以下のとおりである。

＊　＊　＊

垂仁天皇のころ、鬼神が吉備国へ飛行してきた。百済から来た王子で、「温羅」とも「吉備冠者」ともよばれた。温羅の両眼は爛々とし虎狼のごとく、鬚髪は赤く燃えるがごとく、身長は一丈四尺あった。胆力は絶倫で性は凶悪であった。彼は備中国の新山に居城を構えた。岩屋寺に盾を構え、西国から都に送る貢船や婦女子を掠奪した。人民は恐れてこの居城を「鬼ノ城」とよび、都に暴状を訴えた。都から征夷将軍が派遣されたが、温羅は兵を用いることが巧みで、容易に討伐し難く都に引き返した。つぎに孝霊天皇の皇子イサセリヒコノミコトが派遣された。ミコトは大軍を率い吉備の中山に布陣し、片岡山に石盾を築き立てて防戦の準備をした。温羅とミコトは矢を打つがたがいに途中で食い合い矢は届かなかった。このためミコトは一度に矢を二本射り、一本は石に当たったが二本目の矢が温羅の右目に当たった。そして温羅は鯉に化けて逃げた。このとき血が流れたのが血吸川で、赤く染まったのが赤浜である。ミコトは鵜に化け鯉を捕まえた。温羅は降伏した。温羅の首をさらしたところ、泣き止まないため犬に食わしたが、骨になっても泣き止まなかった。ミコトの夢に出てきた温羅が骨を埋めそこで妻がお湯を炊くと吉兆を示すといった。このためミコトが骨を埋葬すると泣き止んだ。

＊　＊　＊

ちなみに韓半島にも動物が登場する英雄神話が

伝わっているようである。

（二）神籠石の発見

こうした伝説とは別に、早くから城の石垣（図15）などが注目され、中世や戦国時代の山城であるとの考えが示されていた。また『備中誌』に「……元亀中中島大炊助元行経山の押へとして鬼の城へ伏兵を籠置事……」と見えるのは、『中国兵乱記』（元和元［一六一五］年）に「……鬼ヵ城構ニ伏兵、……、弓五十、農民二百籠置、……」とある部分のことと考えられ、実際に城として利用されたこともあったのがわかる。しかし、この兵は経山城を守るための押えであり、城郭を修築するようなものではなかったと思われる。

図15　高石垣（第57～61塁状区間）

図16　外側列石（第６塁状区間）

鬼ノ城一帯は大字では奥坂分であるが、現在「鬼城山ビジターセンター」が位置する部分から下流は大字黒尾になる。このため角楼・西門の一部は黒尾分に入る。江戸時代には奥坂・黒尾ともに東に隣接する足守藩領であった。

一九七〇（昭和四十五）年より、吉備大宰がいた大宰府の手がかりを求めて、高橋護が以前から時期不明の石垣のある鬼ノ城周辺を踏査した。山火事で地山が露出した鬼ノ城で北九州地方にある神籠石と類似した列石（図16）を発見し、一九七一（昭和四十六）年、学会に報告した。この発見を契機に多くの研究者が現地に来訪し、古代山城としての研究が活発になった。

そのうちの一人、坪井清足は鬼ノ城のものを列石を並べた上に土塁を築く神籠石であるとし、九州と瀬戸内の城では地形の選び方が異なり、瀬戸内のものは山頂部を鉢巻きのように取り巻き、九州のものは山裾まで下ることから、「瀬戸内型」・「九州型」があるという見解を発表した。

その頃、この山の山頂付近は比較的なだらかであったことから、民間のモトクロス場として開発され、遺構が傷つくというできごとがあった。これに対し岡山県は財政的な理由などから遺跡景観保護を広域で行う県立吉備史跡自然公園として位置づけ、保護に向けて城内の公有地化を一九七五（昭和五十）年に実施し、遺跡の破壊が食い止められた。現在城内で見られる砕石を敷いた園路はこの公園整備にともなうものである。

2　学術調査団の成果（国指定）

（一）調査の開始とその経過

鬼ノ城に学術調査の手が始めて入ったのは、一九七八（昭和五十三）年で、山陽放送学術文化財団が調査団を組織し実施した。この年は山陽放送創立二十五周年にあたり、記念事業として企画されたものであった。

この調査については報告書が一九八〇（昭和五十五）年に刊行された。鬼ノ城の大要はこの調査で明らかにされ、その後の調査もこのときの成果が基本となっているため、以下、この報告書の概要を記す。

まず鬼ノ城学術調査委員会を一九七八（昭和五十三）年四月に発会し、共催者を坪井清足を代表とする学者グループ、岡山県教育委員会、総社市教育委員会、山陽放送学術文化財団、山陽放送株式会社の五者とした。この会は、当時奈良国立文化財研究所の所長であった坪井清足の調査団長を引き受ける内諾を得られたことが発会につながり、また事業を進める上では、事務局を担当した山陽放送学術文化財団常務理事梶正一の尽力が大きかった。

調査団は坪井清足団長の意向を受け、一三名の考古学研究者に調査団員を委嘱した。発掘担当者は団員の葛原克人・河本清の二名で、他の団員は職場の都合で随時協力する形が取られた。調査期間は七月一日から八月末とし、調査地点を四カ所とした。調査開始は雨天のため七月四日になったが、山陽放送梶正一監査役、県文化課吉光一修課長補佐、作業員代表横田武夫らの鍬入れ式で始まった。

調査は下草を除去しながら土塁線の追求から行われた。この調査で新たな水門や推定されていたが確認されていなかった水門、また城郭線の「切れ目」を検出、後の城門跡推定地が発見された。現在、北門跡として整備したこの門も、このときの調査で「切れ目」として発見され、城門跡と考えられた場所である。報告書では否定的な意見が大勢をしめたと記述されているが、こうした「切れ目」を城門跡と推定したことが市教委の城門調査にもつながったといえる。一方、伐開作業と平行して第二水門の構造解明のため発掘調査も実施されている。

この学術調査で確認された五カ所の水門の実測図を作成、また二カ所の城門推定地の状況を図面で提示した。城郭内の遺構は、自然公園施設整備事業の一環として既存の簡素な休憩小屋の建替えにともなう確認調査を実施し、円形状の掘り方線を確認した。

以下では、それぞれの遺構を個別にみてみよう。

(二) 城門跡

第一城門跡 第四水門跡から約四〇メートルつづく土塁には明らかに切断された「切れ目」があり、二段からなる石組がある。石組は土塁にほぼ直交させて横積みされている。門位置は意識的に約六メートル四方の窪地状地形として形成、もとは平坦であったと推定している。

なお、この第一城門跡は、現在では東門跡とされている。

第二城門跡 岩屋へ通じる山道が存在する、城塁線の最北端にあたる第八三塁状区間の東に、自然露岩を主体とした屈折する石垣状の石材が露出している。伐開調査では門跡である遺構は発見できなかったが、他の門跡が現在の山道とほとんど符合することから城門跡の候補とされた。

第三城門跡 一九七八（昭和五十三）年当時、鬼ノ城西入口には整備された幅約三メートルの登山道があり、ここから山道を数百メートル登ると山頂へ至る。第三城門跡は山頂手前の登山道の西斜面に推定された。登山道の一部は土塁線と部分的に重複し、その南よりを斜めに切って登って

図17　角楼跡整備前（第118塁状区間）

いる。このため張り出し状の土壇遺構の所在を思わせるとし、この土壇状の突出は道路斜面の断面精査により城塁線であることが確かめられている。

登山道を約五メートル東に入ったところに二段積の外側石垣が東へ八・六メートル伸びて、この石垣と直交して逆L字に屈折する枡形状遺構を構築している部分を第三城門跡と想定している。屈折部には石組遺構があり、城門内を保持する意図のものと考えている。この屈折部とふたたび直交する一段ないし二段の石列が約一五メートル確認され、東端は巨大な露岩が石列を遮断する状態にあるとし、「コ」字状の空間部を確認している。この地点の城塁幅が一四メートルと広いことから、城門跡に係る土塁は幅広く構築しているとしている（図17）。

なお、この第三城門跡は、現在では角楼跡とされている。

図18　第１水門跡（第12・13塁状区間）

(三) 水門跡

五カ所の水門跡が構築された位置は緩斜面から急斜面に変わる傾斜変換点で、その分岐点に構築している点に特徴がある。また、水門の位置は足守川流域平野ならびに総社平野を眼下に見る、防禦正面に構築されるという企画性をもつ（図24参照）。構造上の特徴としては、通水溝の位置が石組遺構上部に設置されている点があげられる。さらに、このときに行われた第二水門の調査から、集水溝開口部を背面の石組下部の地山岩盤上に構築し、全面石組の上部に開口させる構築方法がとられ、立地する地形からくる技法上の特徴も明らかになった。そしてこの点が北九州の古代山城との相違点となっている。また、水門跡と城門跡の位置関係ではそれらが隣接しないことも指摘されている。

このときの水門の状況を報告書から要約すると

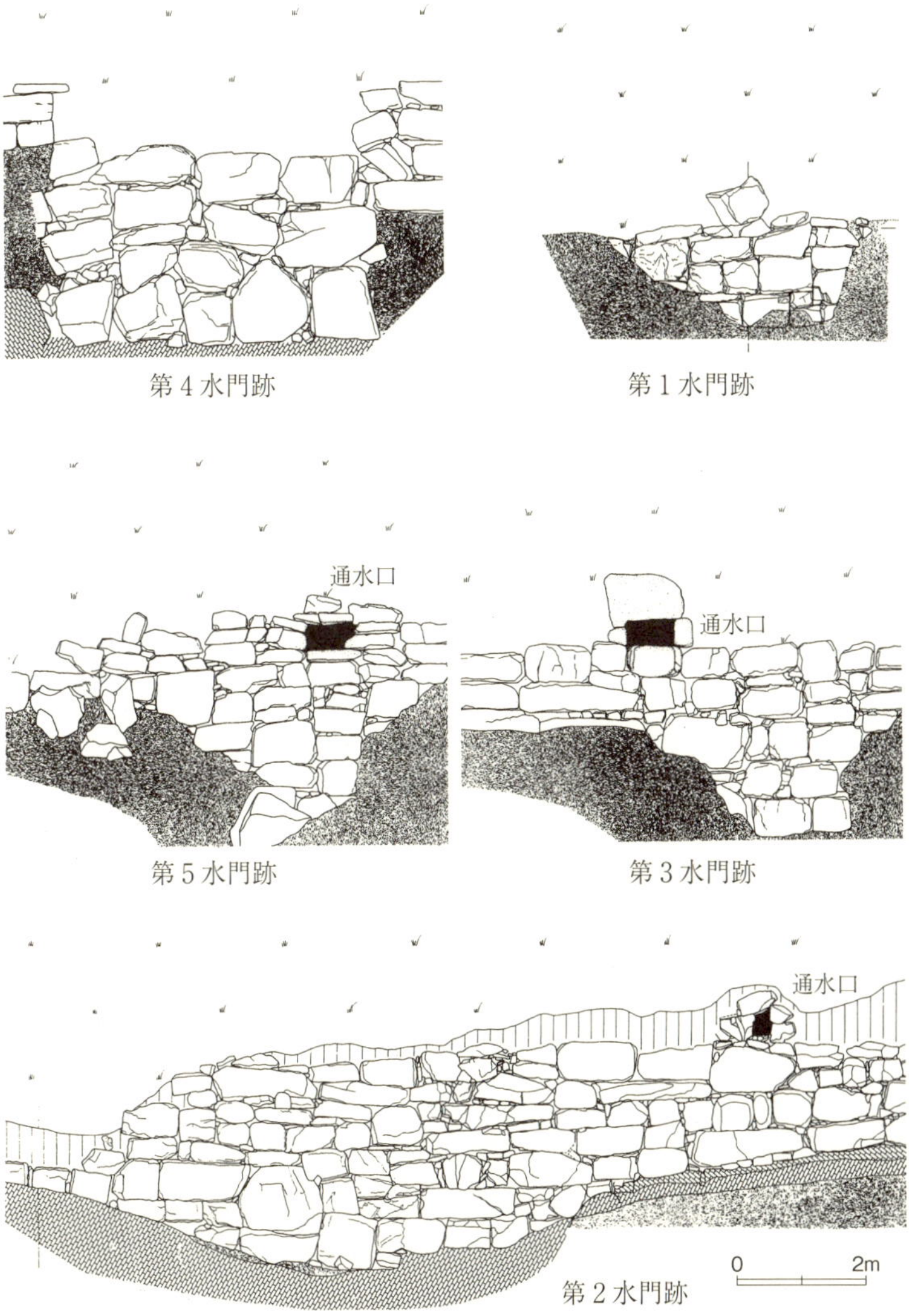

図19　各水門跡（昭和53年時）

図20　第２水門跡（第15塁状区間）

以下のようになる。

第一水門　第一二・一三塁状区間が第一水門跡になる。腰巻石垣区間で高さ一・八メートル、四段積みとし、基底部が暗渠通水孔となり流水が絶えないとしている。この石垣の上に高さ約三・六メートルの土塁がある。城内側に一六個の平らな石材があり、内外石組の間は六・八〜七・一メートルを測りこれが城壁の厚さとなる。この水門跡の背部にある浅い谷筋をさかのぼった谷頭に小規模な溜池があり、池と水道、水門が一体となって機能していたとしている。

第二水門　第一五塁状区間が第二水門跡で、城内側に凹状となった味方折の区間となっており、構造力学の高い水準を示す手法といえる。外壁の石組は、岩盤上に七〜二段積み、その段の天場を水平に保つようにしながらも、石垣全体を通じるわけではなく、いくつかの単位で段

図21　第３水門跡（第30塁状区間）

差をもち、石組の強度を高め、安定した強固な石積みとしている。

通水溝は、石組上端の石を基底として、幅四〇センチ、高さ四〇センチの箱式石棺状の石組とし、土塁内に包摂されている。水門背面は岩盤上に積石四段、高さ二・二メートルを測り、その上の低い土塁からなっている。使用石材は前面石組と同じ花崗岩であるが、前面より小さい規模である。背面石組を保護する多数の捨て石があり、ここから七世紀末〜八世紀初葉の須恵器甕口縁部片が出土している。

第三水門　長さ五〇メートルの第三〇塁状区間の北端に構築されているのが第三水門である。この水門も一九七八（昭和五十三）年時の調査で新規に発見された。外部は大部分埋まっているが、石積みは横穴式石室を思わせる横積み手法で、最も深いところで六段積まれていることが確認された。石材は花崗岩で、横積み、石積み露呈面に面取り加工を行った組石を認めることができるとしている。ここでも通水口は、石組上端の土塁内に構築されていることが確認され、構築上の特徴は小規模な横穴式石室に似た構築を行っている点としている。前面石積の上には約二・九メートルの土塁があり、土塁上端は水門背面の石積頂部と同一の高さである。

水門全体では、北側が大きくえぐられ崩壊しているが、南側の土塁と水門の接点は完存している。また、この南端部の土塁と水門の接合部がやや内側に屈折する傾向があるとして、この結節部のあり方が気になるとしている。ここでの水門横断幅は約七・二メートルである。水門の上手約八〇メートルに溜池があり、「池・水道それに水門が有機的な関連をもって機能していたことは明らかである」としている。

第四水門

第四八塁状区間が第四水門跡で、土塁が急激に下がった位置にあり、鬼城山で最大の谷筋をふさいで水門を構築している。このためか、水門の上部は大きく自然崩壊し、水門中心部分の上部土塁はまったく残っていない。石積は正面から見ると横積手法を思わせる組石だが、上面からみると長大な巨石の小口部を水門前面に露出させる手法がうかがえ、最上端部の石は横積みで上端部をそろえている。

現在残る石積の水道部分は三～四段で高さ三メートルを計り、推定復元高は四・二メートルとしている。水門背面は大量の土砂で埋まり詳細な構造は明確にできないとしながらも、四段で二・三メートルの石組を観察し、第二水門同様の数段の石組からなる堅固な構築を想定している。また、水門の構築について、石組内部の状況から「水門前面石組と平行して石面を揃えた石組列を看取できる」とし、「企画性をもって積んだものと観察される」ことを指摘している。平面形状が味方折に走行することが特徴の一つとしている。水門から奥の谷筋には三カ所の溜池があり、築堤状の土塁の存在から築城当初から池が存在していたとしている。

第五水門

第五五塁状区間が第五水門跡で、報告書では「鬼ノ城中最も著名な水門跡で石積遺構および土塁遺構ともよく完存している遺構」としている。

前面石積は六段、高さ最大四メートルを測る。構築状況は、花崗岩を使用し、野面積で基本的には横積み手法としている。石組下部は方形状を呈する石を使用し上面をそろえ、その上に扁平に近い石を積んでいる。通水溝の位置は、第二・三水門と異なり石組上端の石組内に構築されるという特異性をもつ。ただし、石組上部には高さ三・五メートルの高い土塁を築き、「石組と土塁との高さの比率からすれば、通水溝の位置がそれほど異なるわけではない」という。

水門背面には細長い廊下状の土塁が認められ、土塁と石組が確認されるが、築造時からの状態であったかどうかは不明としている。水門から奥の窪地は埋まった状況で詳細が不明であるが、水門と平行する土手状遺構が築かれていることが認められている。この土手状遺構の上手には二カ所の溜池ないし池状の湿地がある。第五水門の特徴として「他の水門と違って、池・水道の他に土手状遺構を有している点」を上げている。

(四) 城壁

追求された城壁線はすべて「折」で結節されることが明らかにされ、それらは長短があるがすべて直線であり、全部で一一八の区間が数えられた。本報告書ではこの直線的な一単位を「塁状区

表1　鬼ノ城の塁状区間集成表（修正は城壁の外の長さ）

塁状区間	形状	延長(m)	修正	角度	塁状区間	形状	延長(m)	修正	角度
第1	列石	(内44.3)	55		第61	石垣	3.2		尾部内角135度
第2	列石	18		内角160度	第62	石垣	7.5		尾部内角125度
第3	列石・石垣	(内64.8)	64.8	尾部内角153度	第63	石垣	13.5		
第4	列石	30.2		尾部内角202度	第64	石垣	9		尾部内角140度
第5	列石		26	内角160度	第65	石垣	12		尾部内角202度
第6	列石	21.5		尾部内角165度	第66	石垣	12		尾部内角211度
第7	石垣	29.2		尾部内角140度	第67	—	5.7		尾部内角137度
第8	列石	20.5			第68	石垣	13.2		尾部内角244度
第9	石垣	3.5		尾部内角158度	第69	石垣	18		尾部内角157度
第10	列石	33.5		尾部内角193度	第70	—	6.5		内角129度
第11	石垣	6			第71	—	8		内角238度
第12	第1水門跡	14.3		尾部内角135度	第72	—	27		尾部内角226度
第13	列石	5		尾部内角204度	第73	—	33-39		尾部内角121度
第14	列石	18.5		尾部内角202度	第74	—	21		尾部内角214度
第15	第2水門跡	24.3		尾部内角215度	第75	—	68		
第16	石垣？	38.5		外角135度	第76	—	43		尾部内角78度
第17	？	32.2		尾部内角135度	第77	—	19		尾部内角247度
第18	石垣	30.8		内角221度	第78	—	33		尾部内角208度
第19	石垣	68.5		尾部内角151度	第79	—	23		尾部内角145度
第20	高石垣	24		内角134度	第80	—	27		
第21	石垣(18m)	65		尾部内角255度	第81	—	30		尾部内角192度
第22	列石	24		尾部内角158度	第82	—	37		
第23	列石	21		尾部内角160度	第83	城門？	34		
第24	列石	6.5		尾部内角207度	第84	列石	40		尾部内角118度
第25	列石	16.7		尾部内角144度	第85	列石	28		
第26	列石	5		尾部内角143度	第86	石垣	11		尾部内角255度
第27	石垣(7.3m)	37.5		尾部内角230度	第87	—	48.5		尾部内角124度
第28	石垣	20			第88	—	9		尾部内角153度
第29	石垣	22		尾部内角195度	第89	—	33		
第30	第3水門跡	50		内角99度	第90	—	(内19)	22.5	尾部内角105度
第31	石垣	29		尾部内角262度	第91	—	25		尾部内角205度
第32	列石	15		尾部内角168度	第92	—	18		尾部内角197度
第33	列石	8		尾部内角190度	第93	—	19		尾部内角205度
第34	？	10		尾部内角195度	第94	土塁	12.5	19.8	尾部内角192度
第35	？	19.5		城外へ開く209度	第95	土塁	12		尾部内角102度
第36	石垣(3.8m)	17.2		尾部内角164度	第96	土塁	21		尾部内角168度
第37	石垣	6		尾部内角166度	第97	土塁	16		尾部内角203度
第38	石垣	20			第98	石垣？	16		
第39	高石垣	13		尾部内角126度	第99	—	21		尾部内角95度
第40	石垣	10		尾部内角115度	第100	石垣	7		尾部内角135度
第41	石垣	5.9		内角224度	第101	土塁	24		
第42	石垣	10		尾部内角138度	第102	土塁・列石	(内33)	17	尾部内角193度
第43	列石	9.5		尾部内角229度	第103	列石	8		尾部内角237度
第44	列石(5.2)	32.5		尾部内角235度	第104	列石	12.5		尾部内角141度
第45	列石	33		尾部内角117度	第105	—	24		尾部内角238度
第46	？	8.5		尾部内角230度	第106	石垣	21.5		尾部内角127度
第47	？	14		尾部内角161度	第107	石垣	38		尾部内角230度
第48	第4水門跡	12.7			第108	—	16		尾部内角218度
第49	—	24		内角200度	第109	石垣	71		尾部内角145度
第50	列石	15			第110	—	73		尾部内角161度
第51	第1城門跡	13		尾部内角171度	第111	列石	6.5		尾部内角259度
第52	列石	23			第112	列石	5		尾部内角235度
第53	列石	6		尾部内角150.3度	第113	列石	5		尾部内角139度
第54	？	195		尾部内角290-315度	第114	—	15		尾部内角210度
第55	第5水門跡	22.5			第115	石垣(12m)	15		尾部内角135度
第56	高石垣	31		尾部内角189度	第116	石垣	8		尾部内角225度
第57	高石垣	13.7		尾部内角159度	第117	—	40		尾部内角122度
第58	高石垣	6.9		尾部内角199度	第118	第3城門跡	43		
第59	高石垣	11.5		尾部内角206度	延長合計		2785.3		
第60	石垣	4.5		尾部内角195度	延長合計（修正）			2790.8	

図22　折れをもつ石垣（第41塁状区間）

図23　水門間の土塁

間」と名づけている。また、番号は逆時計まわりで付し前進する方向を頭部、後端を尾部と表現し、屈折点の角度は城内側、内角を示している。また、城外へ突出した部分を「敵折」の区間、城内への入り込みを「味方折」の区間と呼称している。ここではその区間すべてを紹介することはできないので、表1に一覧をあげた。これを合計した総延長は約二・八《キロ》としている。

また、城郭の構造を原則として両面築造法とし、平均幅七《メートル》、高さ約六《メートル》の塁状遺構が城郭線を形成、外側には神籠石状列石や高石垣を築きその上に版築による土塁を積むとし、外側と一対となる内側には、主として築地状土塁がともない、場所によって造成土段状に整形されている。外側石垣の積み方に、長石を横位にそろえ垂直に積む方法と、略方形の石材を重箱積みにする二様がみられると大別している。この差を築城にあたった諸集団の個性の反映とし、築城集団が単一でなかった事実を示すものと考えている。

(五) 出土遺物

報告書では、この調査時のみならず調査団員各位がこれまでに鬼ノ城で表採した遺物も掲載し紹介している。遺物は須恵器・土師器片と縄文時代の石匙である。須恵器は七世紀中葉から飛鳥V期(七世紀末から八世紀初頭)にかけてで、土師器では平安時代末から鎌倉時代初めまで下るものもあるとしている。

Ⅲ　明らかになる鬼ノ城のすがた──最新の発掘調査成果〔遺構編〕

前章で述べた一九七八（昭和五十三）年の学術調査による成果を受け、一九八六（昭和六十一）年に鬼城山は国指定史跡となった。この時点では、城壁部分の多くが民有地であったが、一九八九（平成元）年と一九九〇（同二）年に国庫補助による公有地化が総社市で図られた。また、史跡の保存および公開のための適正な整備計画の樹立と効果的な整備の実施を図るため、「国指定鬼城山整備委員会」が一九九三（平成五）年に設置される。委員長には先の学術調査団長であった坪井清足が就任した。この委員会により、保存すべき遺構の状態や内容を把握すべく発掘調査の必要性が指摘され、一九九四（平成六）年以降の発掘調査が開始されることとなったのである。

ところで、西日本の古代山城は、版築・石垣による城壁に囲まれた広大な面積の城内をもっている。城壁は延長が長く、門や水門などを備え、城内には倉庫・兵舎などが設けられていた。しかし、西日本の古代山城すべてが十分な調査をされたわけではないし、こうした構造が必ずしも完備されていたわけでもないと考えられている。そのなかで、鬼城山のように調査が進展し構造がある

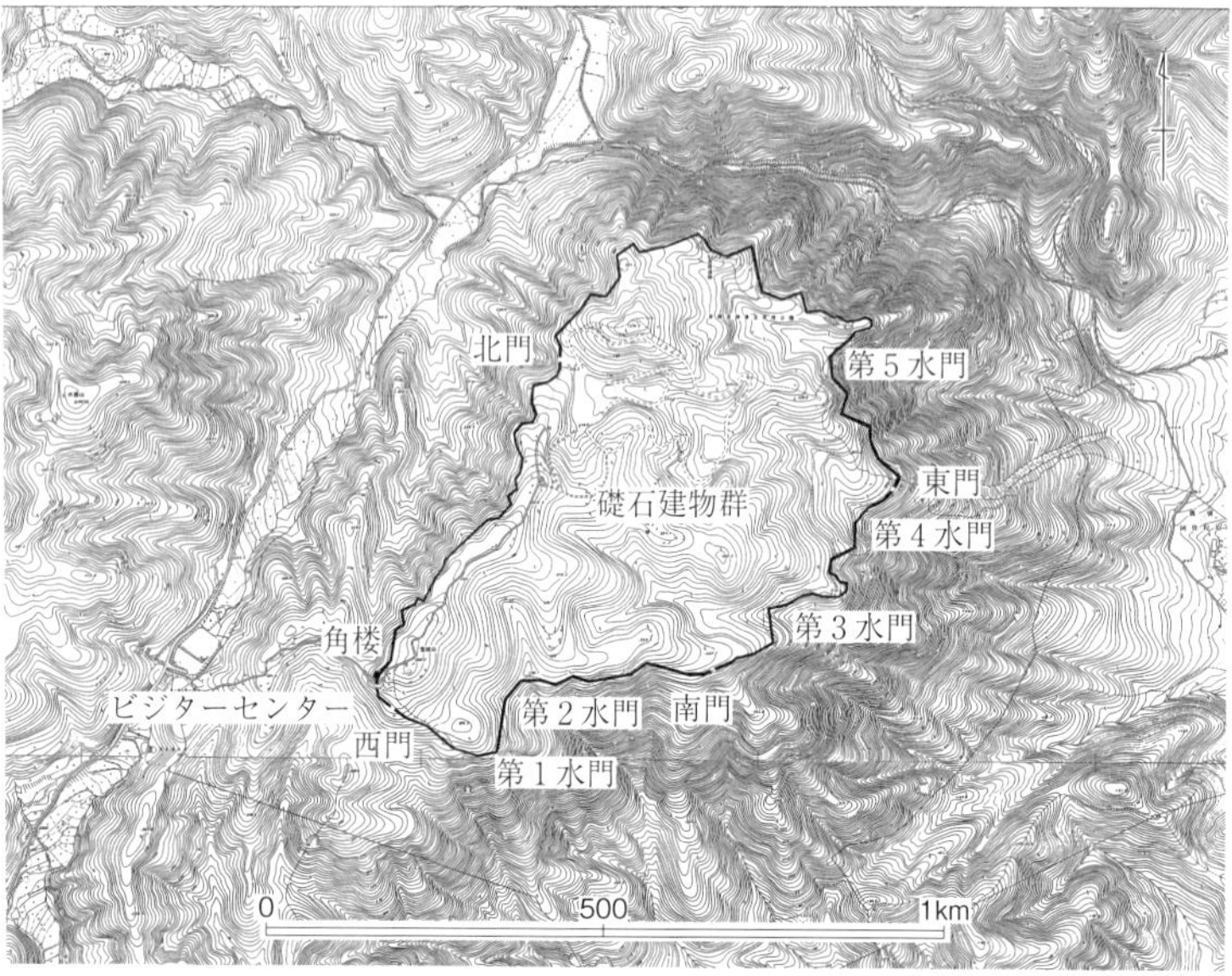

図24　鬼ノ城全体図

程度判明している例はきわめて稀といっていい。今後、これから詳述する鬼城山の構造と、他の西日本の古代山城の構造との比較検討が進めば、西日本の古代山城の様子が鮮明なものとなってくるだろう。

鬼ノ城の城壁は基本的に版築土塁により構築されている。この城壁の一部、約一割程度に高石垣とよばれる石垣部分が存在し、この石垣の大半は城の南側部分に集中する。また、六カ所には水門が設けられおり、ここでは下半部が石垣となっている。水門もまた地形的要因もあり南側に存在する。こうした高石垣・水門などを除く主要な部分が版築土塁である。

城壁には、出入口になる城門が四カ所設けられている。これらは、位置がおおむね東西南北にあることから、新たな門が発見されることはないと考えられる。調査された城門の大部分は版築で構

図25　復元地区全体図（角楼跡から第０水門跡）

築されているが、城内側には低い石垣をともない、北門では外側脇にも低い石垣が認められる。

また、角楼部分も城壁下部を石垣としている。

城内の遺構では、一九八三（昭和五十八）年に礎石建物群が発見され、一九九八（平成十）年度に溜井や狼煙場が発見されたが、それ以外は詳細が判明していなかった。しかし、一九九九（平成十一）年の岡山県教育委員会の城内確認調査により、新たな礎石建物跡や鍛冶遺構などが明らかになった。なお、このときの調査はトレンチ調査であり、遺構の詳細な状況をつかむまでには至っていなかったため、ふたたび岡山県教育委員会により二〇〇六（平成十八）年度から七年計画で城内遺構調査が開始されている。

1　版築土塁

鬼ノ城の城壁を詳しく見ると、版築土塁とそれに付随する敷石・柱穴等で構成される。敷石は城内・外の両側に敷設されるが、城内側の敷石幅は地形に影響され場所により大きく異なっている。ここでは版築土塁と敷石を分けて記述することとする。しかし、城内側敷石の基礎部分は版築土塁と同時に施工されているので、土木工事の工程として考えた場合には、この敷石部分も含めて土塁幅を考えた方がより正確な数値になると考えられるが、ここでは土塁の幅は城外側の土塁基礎に据えられた列石と城内側に据えられた列石との幅とする。

城壁基礎に据えた外側列石は、自然石または大きく荒割したと考えられる大型石を一段一列に並

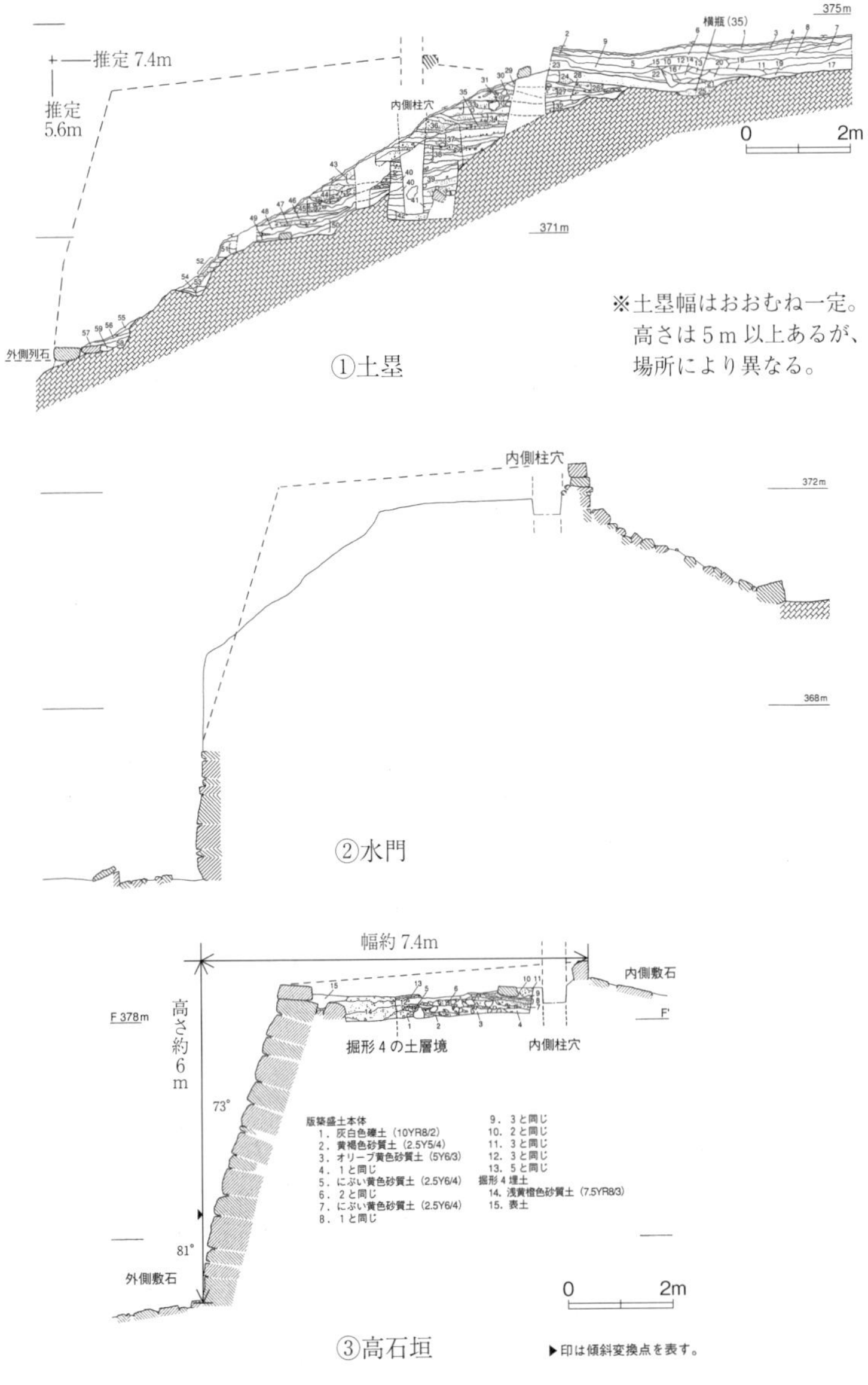
推定 7.4m
推定 5.6m
375m
横瓶（35）
内側柱穴
371m
0 2m
外側列石
※土塁幅はおおむね一定。高さは5m以上あるが、場所により異なる。
①土塁
内側柱穴
372m
368m
②水門
幅約 7.4m
高さ約6m
内側敷石
F 378m
F'
掘形4の土層境
内側柱穴
73°
81°
外側敷石
版築盛土本体
1．灰白色礫土（10YR8/2）
2．黄褐色砂質土（2.5Y5/4）
3．オリーブ黄色砂質土（5Y6/3）
4．1と同じ
5．にぶい黄色砂質土（2.5Y6/4）
6．2と同じ
7．にぶい黄色砂質土（2.5Y6/4）
8．1と同じ
9．3と同じ
10．2と同じ
11．3と同じ
12．3と同じ
13．5と同じ
掘形4埋土
14．浅黄橙色砂質土（7.5YR8/3）
15．表土
0 2m
③高石垣
▶印は傾斜変換点を表す。

図26　城壁の標準規模と構造

べたもので、上面を揃えて並べているようである。これはその後の版築構築を考えれば、当然といえる。通常、列石を据えるために、地山を段切りしていることが判明している。さらに、見えない部分では列石を安定させるためのかい石や石同士の間の詰めを行い、また段切りした地山との隙間にも石を詰めることがある。こうした作業もまた版築の土台としての基礎工程と理解できる。正面は見えるため、平らな面を用い連続する直線となるようにしている。石の長さは不揃いで地山の岩を利用している箇所もある。

また、内側列石は土塁が天場近くまで完成した後に並べられたもので、板状の石が立てられている場所もある。また内側列石は土塁中の柱に沿うように並べられていることから、土塁中の柱を基準とし城内側に面を揃えて並べたと考えられる。土塁中の柱は、最初に調査した東門で確認されたもので詳細は東門の項に記すが、基本的には土塁全体にともなうものである。

版築土塁の規模は基本的にはおおよそ幅七㍍、高さ六㍍で築成され城門などの施設部分では幅が一〇㍍を越えることがある。後に詳述する角楼では城壁幅が一三㍍あり、二行程で構築されていることが明らかになっている。

版築土塁の構築にあたっては、版築作業前に地山の整形等を行っている。この状況を最初に確認したのも角楼の調査であった。

地山の整形の最も顕著なものが先に記述した外側列石を据え付けるL字状の段切りで、こうした地形があって、現在でも多くの外側列石が崩落せずに残っているといえる。北門跡の北方土塁で一九九九（平成十一）年に岡山県が行った確認調査では、外側列石と地山の間が三㍍以上あり、ここに大型の石を詰めて並べているのが見つかってい

図27　版築（第３塁状区間）

る。この場合、版築の基礎部分に大きく平らな面をとることができるので上部の版築が安定し、地下水の染み出しがあってもこの石詰めから排水することが可能であったと思われる。こうした明確な段切りではないにしても、版築を施工している斜面部に幅の狭い段が設けられている。

一九九八（平成十）年度に角楼から西門間の外郭線の接続状況を調査した際、列石の前面で小柱穴が約三メートルおきに見つかった。この小穴は版築作業に必要な堰板を留める支持柱を立てた穴と考えられる。しかし、この柱をどのように固定し利用したかはよくわかっていない。この小柱穴は径が約二〇から五〇センチあるが、深さが三〇から四〇センチと浅い。この支持柱は城壁の高さまでは必要と思われるが、長さが六メートル以上になるのでこの小柱穴では柱は自立できず、城内側にも支えが必要となる。しかし、支えと考えられる柱などの痕跡は今

図28　第０水門跡と敷石（上）および突き棒痕跡（下）

のところ未検出である。

第五塁状区間では、外側列石の上約一メートルまで旧状をよく留めた版築層が残っていた。ここでは小柱穴の位置で版築に縦目地が認められる。この縦目地は板などの境があり、ここで版築をつき固めると板に邪魔され版築が連続しないためできた土の動きの痕跡とみられる。しかし、この境は表面に近いところのみで、奥行きはなく用途は不明である。

版築層そのものとしては、第0水門周辺の版築層の表面を詳細に観察することができた。ここでは城壁下部の版築層において半円状に凹圧された痕跡が多数見られる。当初はこの痕跡が何であるか判断できなかったが、多くの層に見られることや大きさが均一なことなどから、突き棒痕跡と判断された。これから突き棒の先端部分は直径が約一〇センチの円形で、先端形状はやや丸みをもつと考えられる。

同じ第0水門周辺の版築層をみてみよう。この場所は二〇〇二（平成十四）年度に版築修復・復元を計画した場所で、整備前に修復範囲の流土を

図29　第０水門跡周辺の版築層

撤去し、調査を行った。鬼ノ城で広範囲に版築土塁を調査したのは、門跡以外ではこれが初めてであった。ここでは、隣接する高石垣にともなう版築層が傾斜しながら構築されていることがわかり、さらにこの作業と同時かやや遅れて第０水門側の版築を構築していることが判明した。

また、版築層はおおむね三単位に分かれ、下層部分（図61の第２・３層）は薄い層が多く、明確な砂質と粘質の互層を基本とするようだが、中層（図61の第４層）、上層（図61の第９層）は色調が同じで互層がわかりにくい。この上層は高石垣部分も含めて土塁全体に認められる。版築に使用されている土は、色調や含まれる岩石などからみて、施工場所の周辺から調達したものと考えられる。上層で互層が不明瞭で、大型の石を含み、上層では良質の版築土の調達が十分でない状況の反映と思われる。

図30　敷石（第4・5塁状区間）

2　敷　石

版築土塁に敷設される敷石は、早くから園路上に認められていたが、いつ何の目的で敷かれたのかがわかっていなかった。

最初に遺構として確認できたのは東門の調査であった。このときの調査では、検出した面積が小範囲であったため、また城外部分には敷石が残っていなかったために判然としなかった。その後、角楼の調査において城外側の広い範囲で城壁に付随する形で敷石が確認された。この時点では敷石は幅約一・五メートルで城外部分ということもあり、兵員の移動する通路とも考えられた。

その後、敷石は城内側でも確認され、その形状が平坦ではなく城内側に傾斜することや、数段敷設された場所があることなどが判明した。

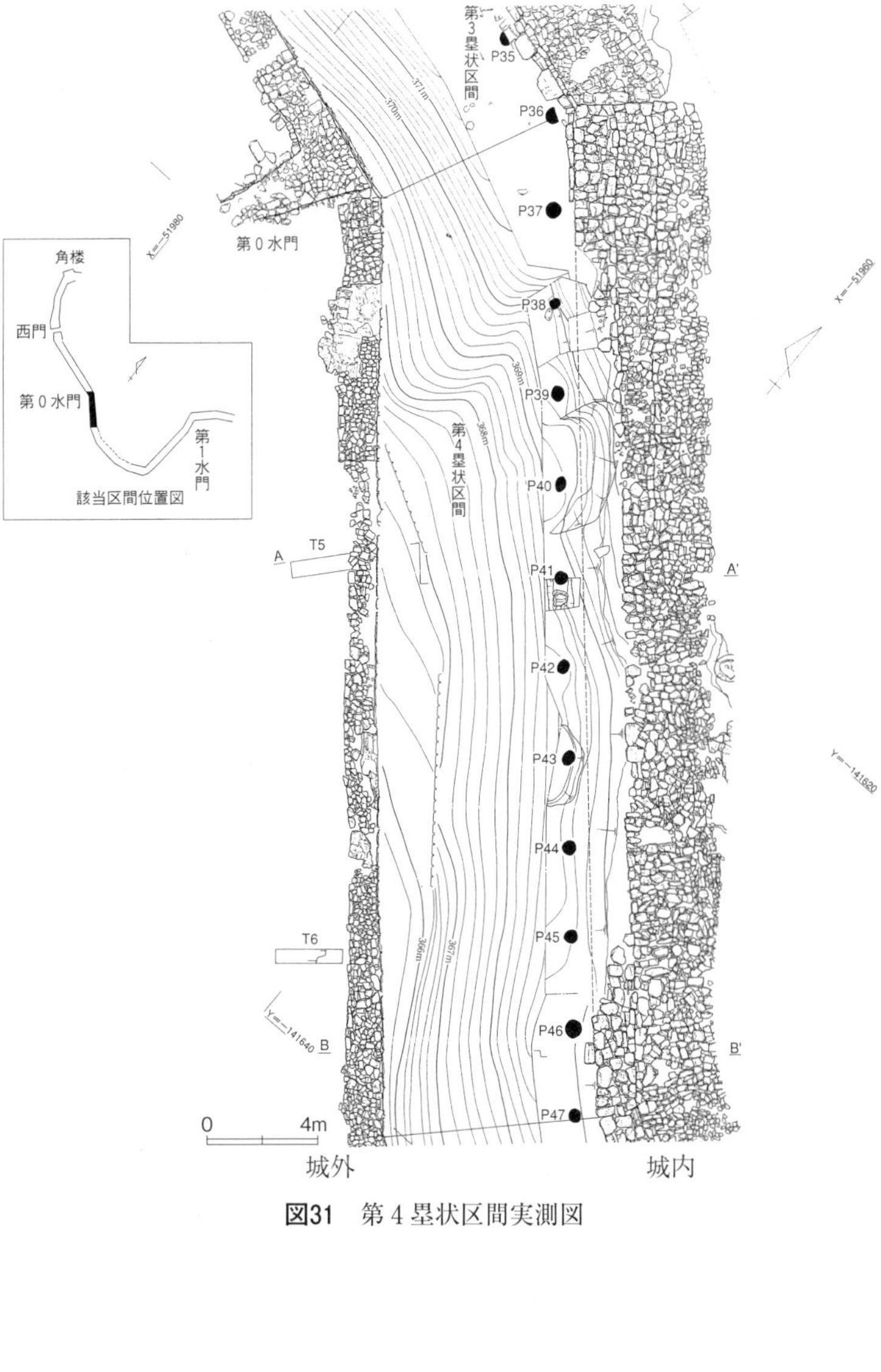

図31　第4塁状区間実測図

図32　3段の城内敷石（第4塁状区間）

敷石そのものも必ずしも平滑に並べられてはおらず、通路としての利用には適さないことから別の目的が考えられるようになった。敷石は内側列石から城内側地山または岩盤まで隙間なく敷かれている。通常、内側列石側が敷石より高くなっているので、城内の雨水をこの敷石で受けるようになっている。このため、この敷石は土塁が雨水による侵食または浸透することによる土塁崩落要因を減らす目的があると考えられるようになった。

先の土塁のところでも記述したが、敷石は土塁と不可分の関係にある。二〇〇二（平成十四）年の確認調査で北面側の土塁においても敷石が確認され、城壁の完成時には城内・外ともにほとんどの場所で敷石が設置されていたと考えられる。

図31は初めて広範囲に敷石が確認された第4塁状区間である。ここは従来内側列石の一部が園路際に認められていた箇所で、園路は内側列石より

低い位置にあった。調査によりこの区間では内側列石と一段目の一部が流失していたが、二、三段目の敷石が良好に残存していることが明らかになった。こうした状況から、城内の雨水を処理するためにはこの敷石部分を調査し、整備することが有効ではないかと考えられた。

こうした知見から、復元地区の土塁復元整備にともない城内側の敷石部分を調査したものが図32で、第4塁状区間同様に三段の敷石が検出された。一段目と二段目は土塁に対し平行となるように整然と敷き並べられ、三段目は地山・岩盤まで隙間なく石が敷き詰められていた。敷石は階段状で土塁側が高く、築城時には表面を流れる雨水は最も低い位置の三段目部分を通り下方の第〇水門背後の捨石へと導かれる。

3　城門跡

城門跡は、一九七八（昭和五十三）年の調査時点では三カ所が候補としてあげられていた。そして一九九四（平成六）年からの調査により現在四カ所が明らかになっている。まずは図33～36にその実測図を示した。いずれも掘立柱建物で、建替えなどの痕跡は見つかっていない。

城門基礎部分は他の土塁同様に版築土塁による。城門部分の基本構造は、最初に柱立てを行い、周辺を版築で床面近くまで盛土し、石敷きを行っている。その後、開口部門柱間に板壁を設け土塁の高さまで版築を行っている。この板壁痕跡は東・西・北門で見つかっている。南門では板壁を推定できる痕跡が見出せず、門道内の堆積土中にスサの混入した焼土があり、土壁が推定されて

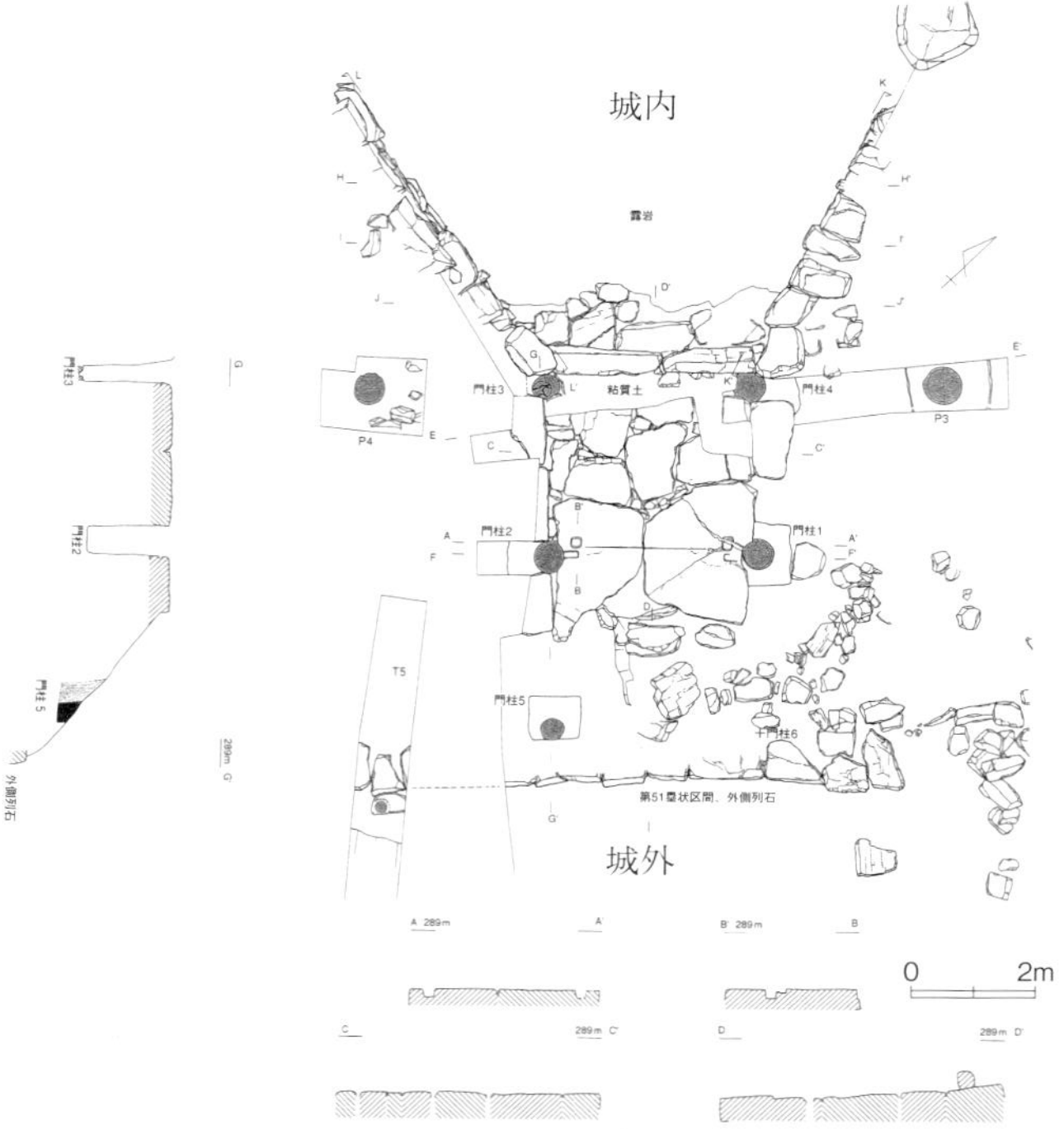

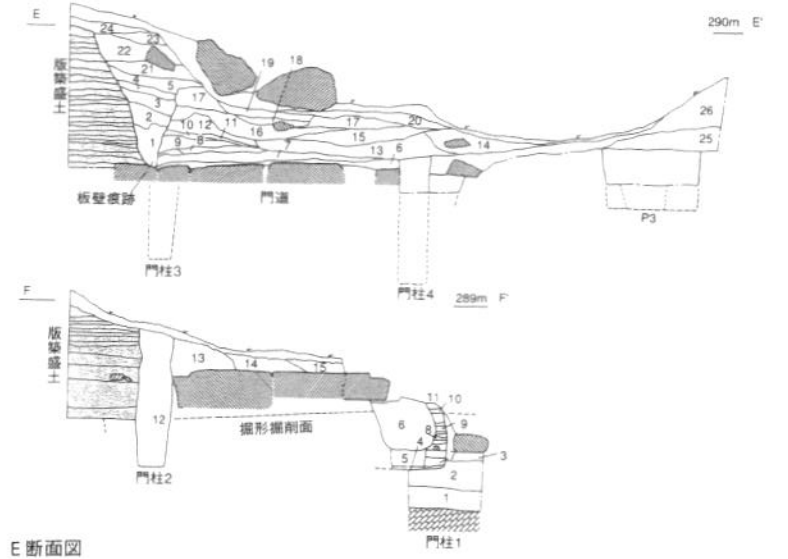

E断面図
1．淡黄灰色砂質土、粗砂含、軟、
板壁埋土
2．灰黄色粘質土
3．黄灰色砂質土
4．茶灰色砂質土
5．灰黄色粗砂
6．淡黄灰色粘質土、流土
7．暗黄灰色細砂、軟、流土
8．灰色粘質土、流土
9．灰黄色粗砂、炭少混、流土
10．灰黄色細砂、流土
11．灰色粗砂、流土
12．黄色粘質土、流土
13．灰黄色粗砂、流土
14．暗黄色砂質土、流土
15．茶灰色粗砂、流土
16．黄灰色粗砂、流土
17．淡黄灰色粗砂、流土
18．黄色細砂、流土
19．暗黄色砂質土、流土
20．暗黄色砂質土、流土
21．黄褐色砂質土、流土
22．黄褐色土、流土
23．暗黄色細砂、流土
24．暗黄褐色土、流土
25．灰色砂質土、流土
26．灰黄色細砂、流土

F断面図
1．褐色砂質土、炭粒混、造成土
2．茶褐色砂質土、造成土
3．褐色砂質土、造成土
4．灰白色粘質土、門柱1埋土
5．淡茶褐色粗砂、門柱1埋土
6．褐色粗砂、門柱1埋土
7．褐色砂質土、硬、掘形埋土
8．7と同じ、硬、掘形埋土
9．茶褐色砂質土、硬、掘形埋土
10．灰白色粘質土、柱の根巻き粘質土
11．褐色粗砂、造成土
12．淡茶褐色砂質土、門柱2埋土
13．茶褐色土、流土
14．黒褐色土、流土
15．茶褐色砂質土、流土

図33　東門跡実測図

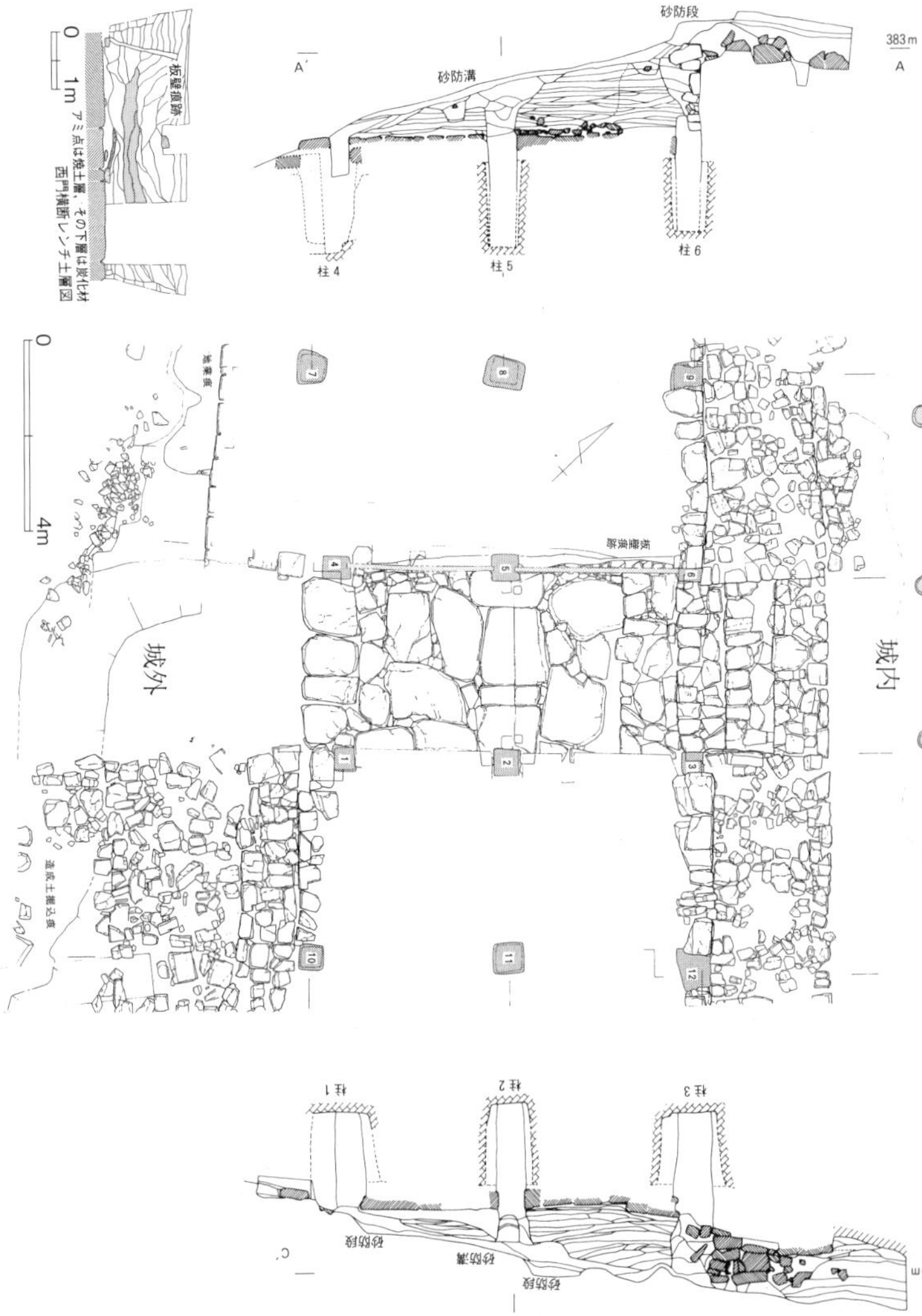
砂防段
砂防溝
383m
A
A′
柱4
柱5
柱6
板壁痕跡
0
1m
アミ点は焼土層，その下層は炭化材
西門横断トレンチ土層図
0
4m
城外
城内
柱1
柱2
柱3
C′

図34　西門跡実測図

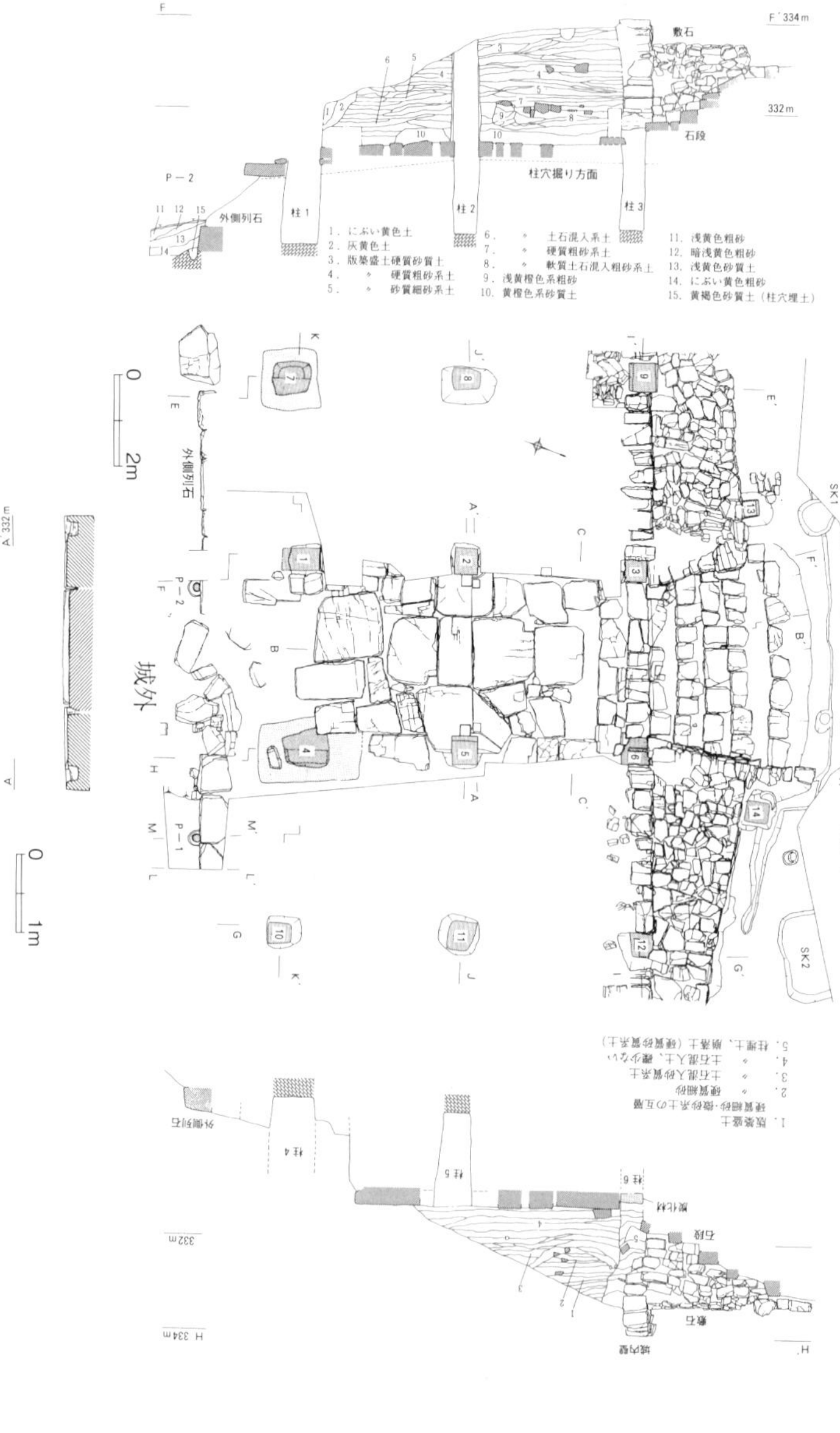
F
F′ 334m
332m
敷石
石段
P－2
外側列石
柱1
柱2
柱3
柱穴掘り方面
1．にぶい黄色土
2．灰黄色土
3．版築盛土硬質砂質土
4．〃 硬質粗砂系土
5．〃 砂質細砂系土
6．〃 土石混入系土
7．〃 硬質粗砂系土
8．〃 軟質土石混入粗砂系土
9．浅黄橙色系粗砂
10．黄橙色系砂質土
11．浅黄色粗砂
12．暗浅黄色粗砂
13．浅黄色砂質土
14．にぶい黄色粗砂
15．黄褐色砂質土（柱穴埋土）
城外
城内
SK1
SK2
P－1
0 2m
0 1m
A′ 332m
H′ 334m
332m
城内壁
敷石
石段
柱4
柱5
柱6
外側列石
1．版築盛土
硬質細砂・微砂系土の互層
2．〃 硬質細砂
3．〃 土石混入砂質系土
4．〃 土石混入土、礫少ない
5．柱埋土、崩落土（硬質砂質系土）

図25 南門跡実測図

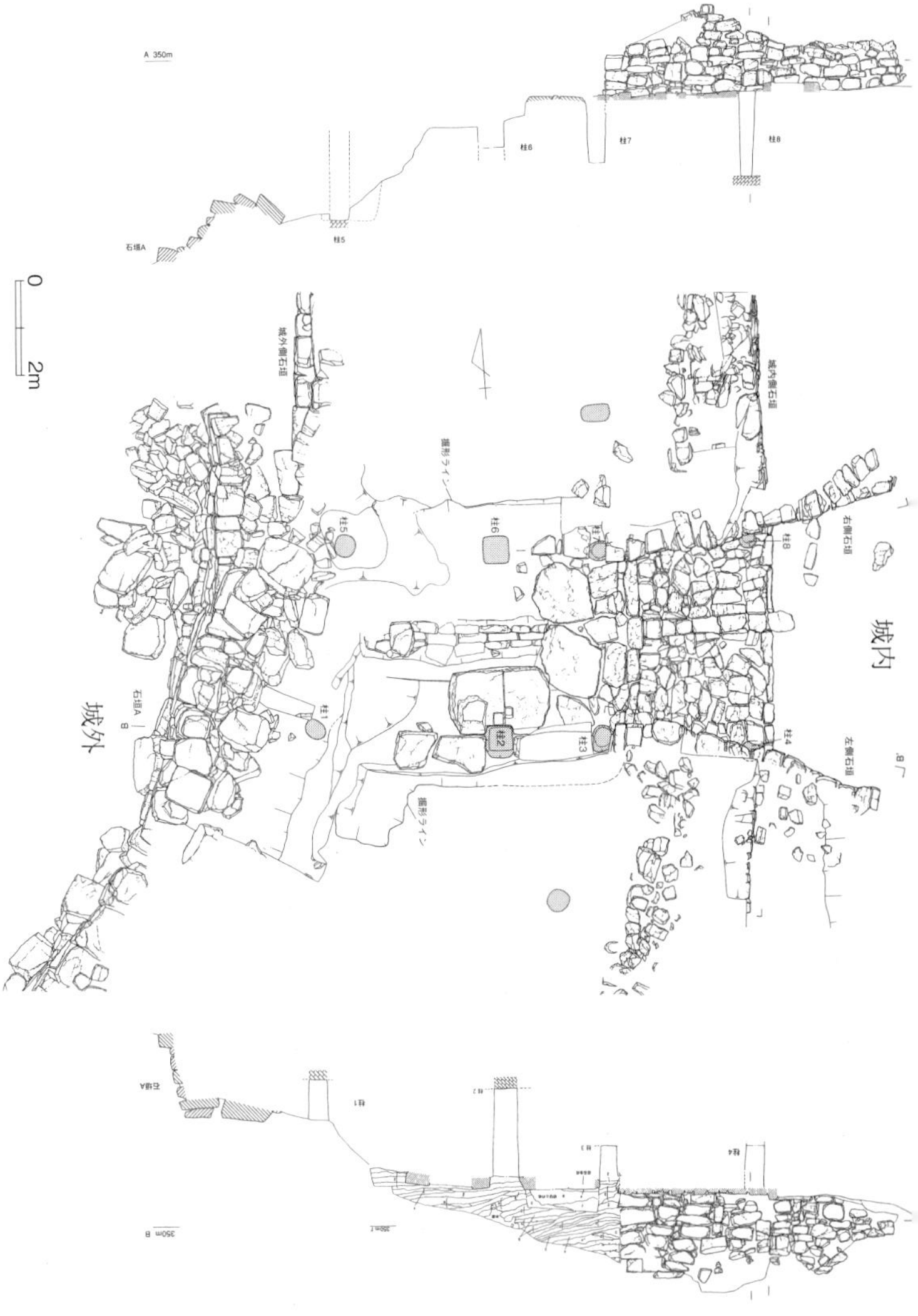
A 350m
石垣A
柱5
柱6
柱7
柱8
0
2m
城外側石垣
城内側石垣
扇形ライン
右側石垣
左側石垣
柱1
柱2
柱3
柱4
城外
城内
B
350m B

図36　北門跡実測図

いる。

鬼ノ城の城門は共通する特徴をもつが、規模で二種類に大別できる。一つは、正面三間、奥行き二間の角柱一二本で構成される大規模なもの。もう一つは正面が一間で奥行きが二間ないし三間の小規模な門で、丸柱・角柱の使用がある。規模の違いにより柱立ての工程も異なるようである。以下、個々の門の状況を見てみたい。

（一）東門跡

総社市教育委員会が整備に向けて最初に調査したのが東門跡（以下東門とする）で、一九七八（昭和五十三）年の調査で第一城門跡と推定された場所である。ここの石垣には城内側に折れがあり、城門と考えられた。最初に発掘調査の地点として選ばれたのは、一九九三（平成五）年に門の唐居敷が発見され、門である可能性が高まったためである。

一九九四（平成六）・一九九五（同七）年の調査の報告では、六点の成果があげられているので、それを列記しておく。一つめは、唐居敷が不動で、城門の施設が面として残っていたこと。二つめは、門の施設は床面に敷石を備え、四本柱で支えられる構造物をもつこと。三つめは、門の西側には版築土塁が残存していること。四つめは、土塁中に門柱の後列に並んで柱痕が認められ、土塁上の構造について考える手掛かりが得られたこと。五つめは、土塁の切断面には長さ七《メートル》・高さ四《メートル》の石積みが左右対称にあり、その間には岩盤が露出すること。最後に、神籠石状列石の前面に柱痕らしいものが認められ、さらに、唐居敷の円弧状のくり抜きをもつ形式のものが大野城、基肄城などの（朝鮮式）山城に類例があり、神籠石（系山城）では類例が知られていないこと。以上

図37　東門跡（上）とその門礎石（下）

の点を指摘している。なお、この円弧状のくり抜きの直径は約五八センチである。

このときの調査では、円形の柱穴は四カ所確認でき、柱間が板壁であったことが、図33のように粘土化して残存していた板壁痕から判明した。円形の柱穴には一辺約一メートル、深さ約五〇センチの方形の掘り方が確認され、石敷前に柱を立てていたことがわかる。

柱間規模は間口三・四六メートル、奥行き二・七〇メートルである。門道石敷きから城内へは古墳の閾《しきみ》石を思わせる境石が認められる。これを越えると城内には巨大な岩盤が露出し進入を妨げるかのようである。門床部の石敷きは境石を越えて、この岩盤際にまで及ぶ。城内側の側面は岩盤の傾斜に添って石垣としている。調査前から露出していた城内に折れる石垣は、この石垣の上部が露出していたものである。

この調査で、先の成果にあげた門床部が石敷きであることや、門礎石に方立て・軸擦穴・蹴放などの精緻な加工や、柱を添わす円形の刳り込みが施されていることが明らかになった。形状

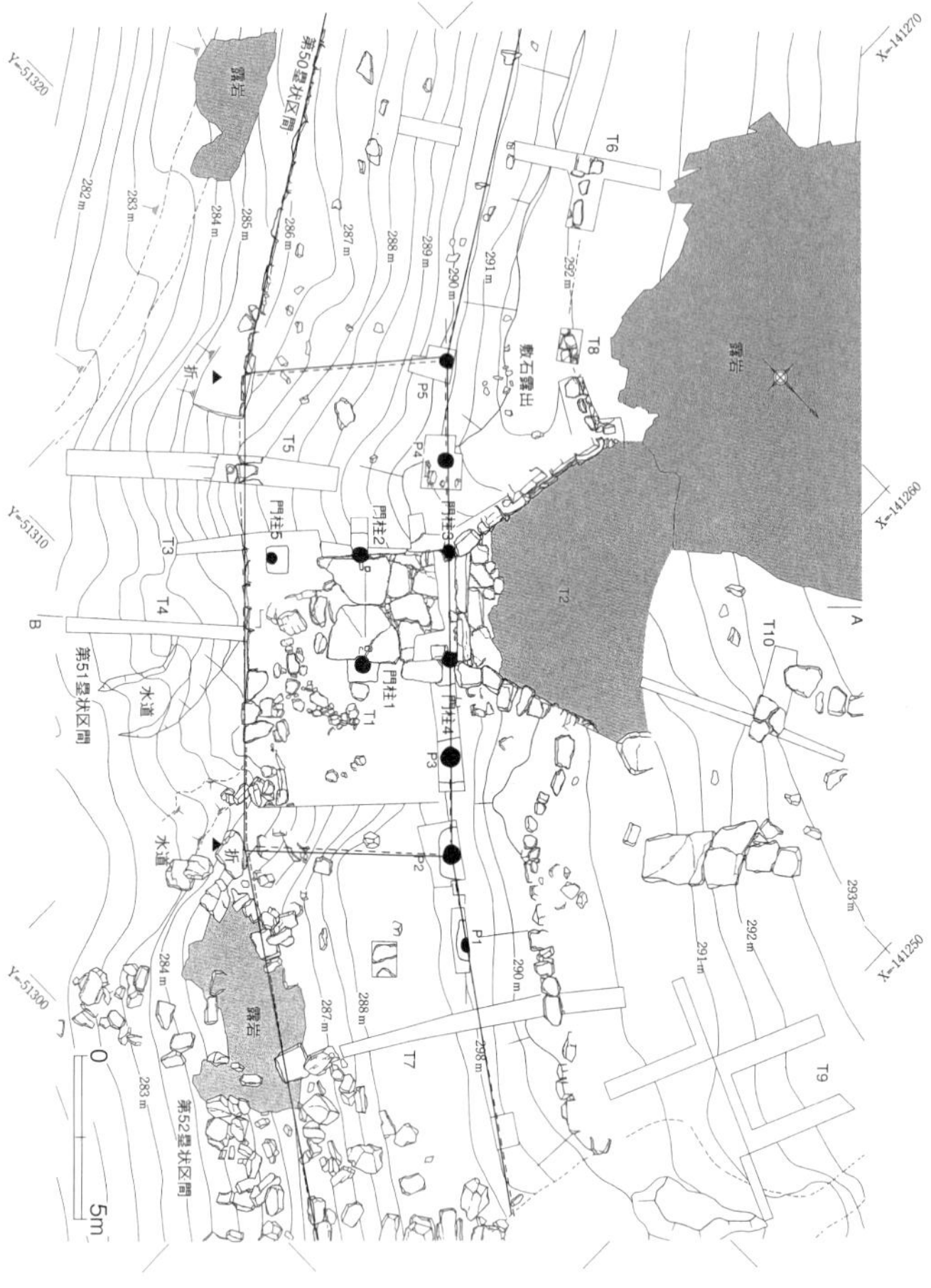

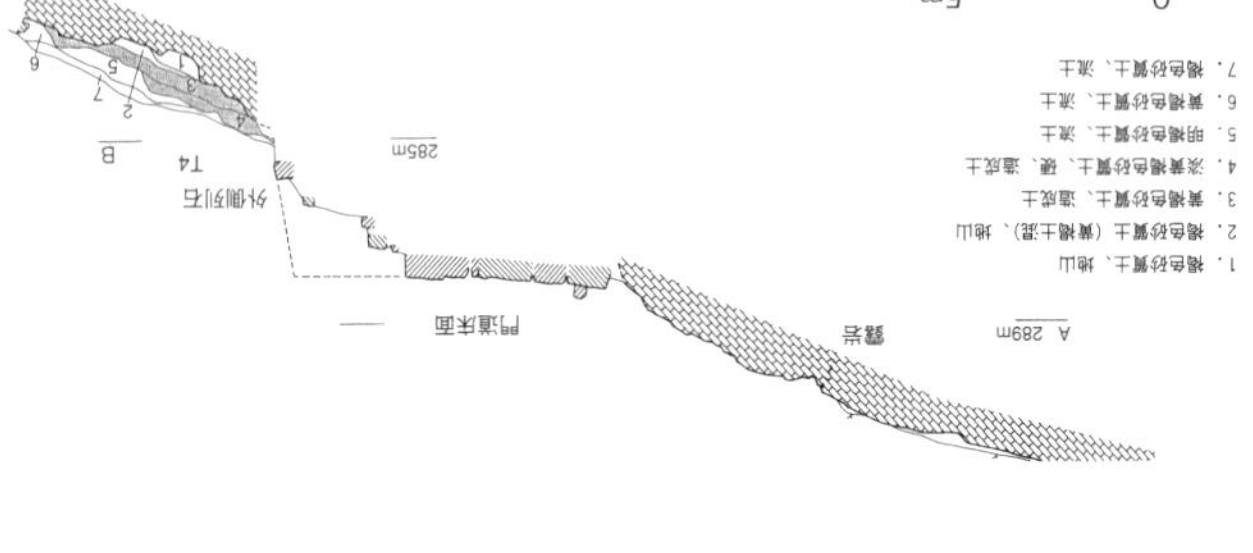

図38　東門跡周辺実測図

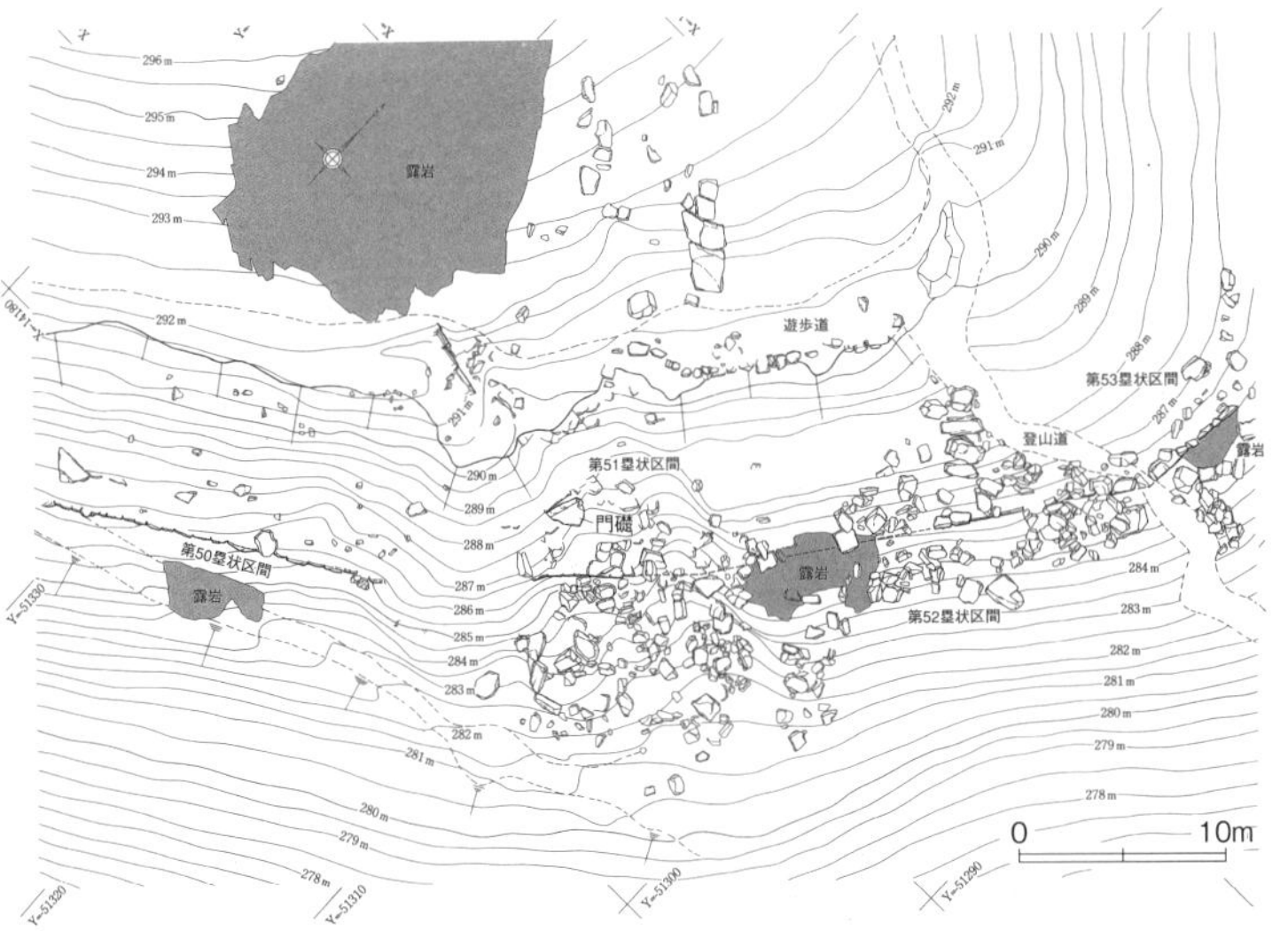

図39　調査前の東門跡（門礎の東側が崩落している）

が残る左側方立ては、長方形で長さ二五センチ、幅一センチ、深さ九センチ、底は平坦である。図33で敷石の敷設状況をみると、西側が大きく崩落していることから、門道から上の版築土塁が大きく失われ、本来版築に覆われてみることのできない敷石の状況が観察できる。ここでは、敷石は門道通路部分のみではなく、柱間の板塀下にも敷設してあるのがわかる。この敷石は通路部分に並行し、板塀に沿って石端が直線になるように並べられている。このことは、門を構築する際に、通路だけではなく、板壁の基礎（地覆石）としても敷石をするなどの計画性を示すものと考えられる。

また、土塁中に柱列が存在することが初めて確認された。この柱列は当初、版築を構築する際の城内側の支持柱の可能性も考えられた。しかし、この柱穴は、版築をある程度積み上げた後に掘り方を設けているため、掘り方面より下部の版築を施工する際には存在しないことから、支持柱としての考えは説得力を得なかった。次に考えられたのが、土塁上に柱が出ていた場合で、柵や板塀を支える柱の可能性である。この考えの場合、柱位置から土塁前面に出られないことや、城外が見えないことから、疑問視する意見もある。しかし、土塁中に埋まる柱の長さや、規則的に並ぶことからも、土塁と一体となった構造物であり、板塀と考えることが現時点では妥当と考えられる。

　本来、城壁は城を囲む壁であり、城内から見ても壁でなくてはならない。こうした意味でも、斜面に構築した版築土塁では十分な高さを確保することが困難なために考え出された遮蔽物と思われる。城内の状況を敵に見せないためにも有効であっただろう。実際に整備が進むと、この板塀の効果がいかに高いものであったのかが実感できた。板塀の城内側は敷石が敷設され、板塀を超えた敵はこの敷石上に降りなければならない。降りた場所の前面には尾根がさらに壁として存在する、言い換えれば堀のようなところといえる。版築土塁・板壁・硬い敷石と堀というような何重もの防御施設をもつのが鬼ノ城の城壁の構造といえるのである。

　次に版築土塁規模についても、高さが七《メートル》、幅が九《メートル》以上と城門まわりの幅を大きくしていることがうかがわれるとしている。

　調査後の一九九五（平成七）年五月には、公開を前提に土嚢による応急的な埋め戻しを行っていたが、保安林であることから、土による段積みに変更している。柱位置には仮の柱を建て、位置表示とし、西側の土塁保護のために、板壁を設け、簡単な説明板を取り付けて仮整備とした。なお、植栽が終了したのは一九九六（平成八）年三月であった。

一九九八（平成十）年には仮整備の板壁等の補修を行い、あわせて門柱の本数について再度確認が行われた。それにより、以前から判明していた四本柱の前に五本目の柱を確認している。対になる六本目は門前部の流出が著しいため確認できなかったが、この調査により東門は間口一間、奥行き二間となった。

　二〇〇六（平成十八）年の報告書では門構築の工程案が示されている。この門では後述する西門跡のような門構築のための大型の掘り方はなく、柱を立てるための柱穴が確認されている。

図40　復元地区遺構図（西門周辺）

(二) 西門跡

西門跡（以下西門とする）は角楼の調査後に発見された門跡である。当初第三城門跡と考えられていた場所の調査を行ったところ、出入口がなく凸状に張り出す角楼とよばれる施設が検出された。しかし、周辺の地形などから近くに門跡があるのではないかという委員会の先生方の指導により、周辺部で門を探った結果、新たな門跡が検出されたのである。

図41　西門跡・土塁（上）と門礎石（下）

この場所は城内側に低い石積みがあり、城外側には列石が確認されていた。この部分を調査したが、外側列石と思われていた石が門中心部の石敷部分であることがわかり、また、東門と同様な精緻な門礎石が築城時の位置で発見された。

ここでは東門とは異なり、門礎石のくり込みが方形であり、城内に向かって石段が設けられ、使用石材などの規模が大きいなどの特徴があった。その後、門通路周辺の調査が行われ、間口一間、奥行き二間の規模で、城外へは傾斜を付けた盛土があったことが確認された。さらに外側敷石が通

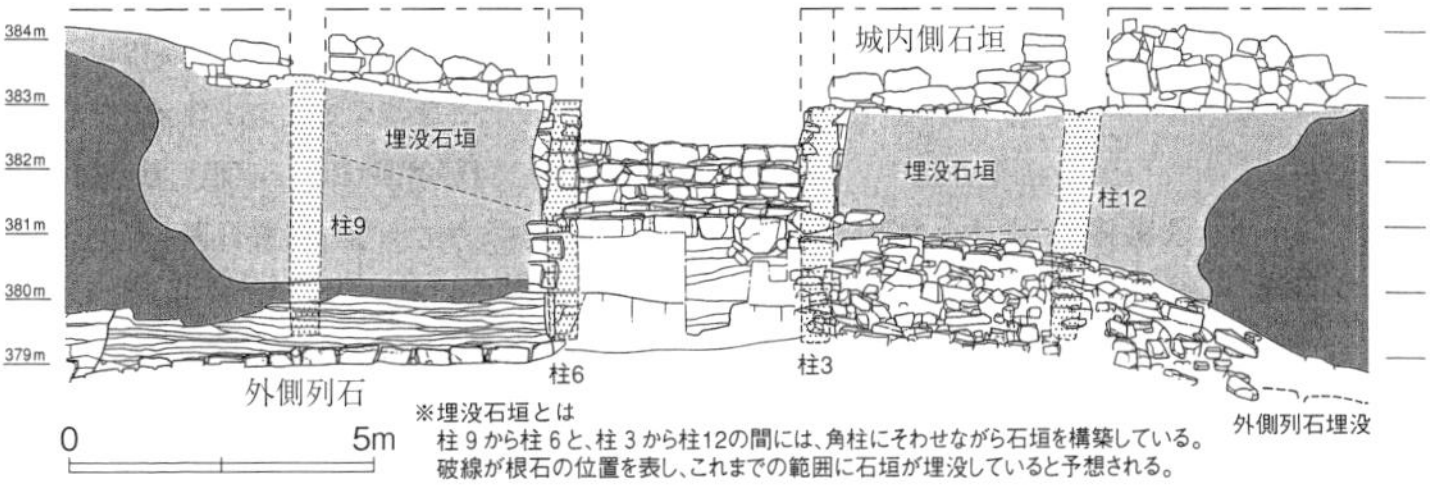

図42　西門跡立面合成図

路を思わせる形状で広く敷き並べられていた。この敷石は三段に敷き並べられ、敷石の最下段が谷に向かい伸び、一定の距離で止まっている。そこから先には敷石はないが、登城道があった可能性がある。

西門の調査後、南門の調査が進められ、門構造が通路のみに柱をもつだけではなく、両脇を含め一二本柱で構成される構造が明らかになった。このため西門でも再調査を行い、南門と同規模な門であることが確認された。

この結果、西門は間口三間、奥行き二間で、それぞれ一二・三メートル、八・二メートルであることが判明している。一二本の柱はすべて角柱で、最大で一辺約六〇センチの大きさである。

二〇〇二（平成十四）・二〇〇三（同十五）年の門復元にともない、門周辺の土塁全体に調査範囲を広げた。このとき、門全体を囲む掘り方が明らかになった。

西門の構築工程をみてみると、まず版築土塁をほぼ完成させ、その後に門全域が入る大型の穴を地山まで掘り込み、柱を地山に立てるが、この時点では地山上に若干の整地土を設け、柱穴があった可能性が高い。柱を据えると版築を門通路の高さ近くまでふたたび行う。次に門道部分に石を敷き並べる。通路部分の柱間二間は板壁として、また城内側の敷石部分を石積みとして、版築土塁を築いている。この時点で柱のいくつかは五メートル以上埋まることとなる。城内側では、通路敷石敷設に合わせ、城内石垣を積み上げていると考えられる。

また、東門で確認された門通路の板壁がここでも確認された。それは、柱五と柱二との間に板壁痕跡と推定される土層と、柱四、五の間で版築土と崩壊土との間に幅一〇《センチ》の板壁痕跡と考えられる土として発見された。

西門では、通路石敷と板壁下石敷を他の門ほど明確に分けていないが、柱五と柱六の間では板壁が想定される部分に小石材が一列に並べてあり、板壁の地覆石と考えられる。板壁の傷みに合わせ修復した痕跡とも考えられる。

東門と大きく異なるのは、柱間が四・一《メートル》と広くなっていることである。また、石積みと板壁との長さの比率が、東門では四対六であるのに対し、西門では二対八であり、板壁が長くなっていることがわかる。

（三）角楼跡

角楼跡（以下角楼とする）は一九七八年の調査で第三城門跡と考えられていた場所である。ここでは列石ではなく低石垣がL字状に確認されていた。石垣は最下段がわずかに出た形状になっている。

調査により、城内への入口はなく、石垣が凸状に検出された。石垣には所々に石がないところがあり、方形に穴が開くことから柱が立っていたと考えられる。規模は正面三間、奥行き一間で、柱間はそれぞれ三・一と三・九《メートル》であった。調査により、この角楼の構築はいくつかの作業工程があったことが明らかになっている。

断面等から作業行程を考えると、通常の城壁版築と同様におおよそ幅七《メートル》で地山を整形する。外

図43　角楼跡全体図

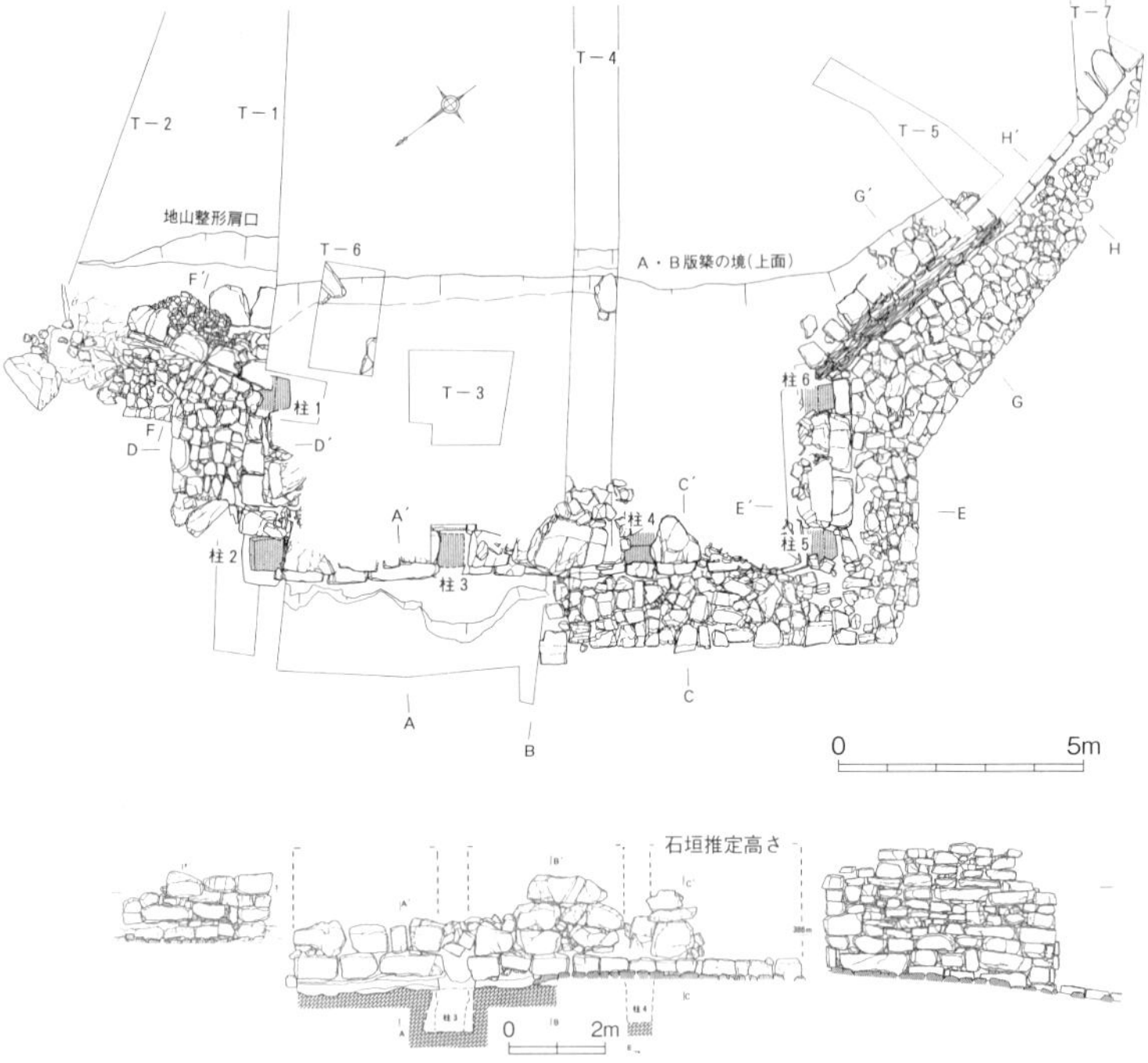

図44　角楼跡平面図および石垣展開図

側列石を据える場所は、地山を大きく掘り窪め平坦部をつくり大石を据える。トレンチ1では二石が認められる。角楼内側全体に列石を据えたかどうかはわからない。版築内に柱列を設置しながら版築を城壁の高さまで仕上げ、内側列石を据える。

その後、先行して行った版築の表面を整形して、張り出し部分の柱を地山上に六本据える。柱を据えるための穴を埋め、石垣の根石を据える。前面の石垣を積み上げつつ、幅約四メートルの版築作業を行っていく。石垣は城壁の高さの約半分となる二・七メートルで止め、上面を揃える。そこから上には六本の柱を利用して板壁があった可能性が高い。こうして、平面が凸状になり垂直に近

図45　角楼跡石段

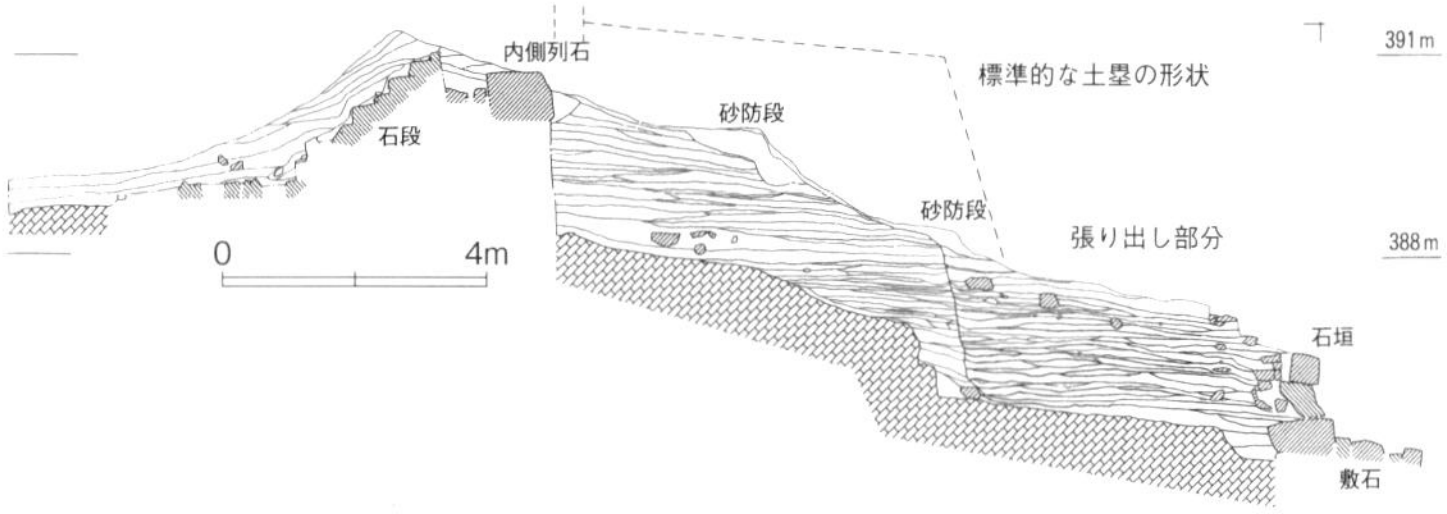

図46　角楼跡断面図

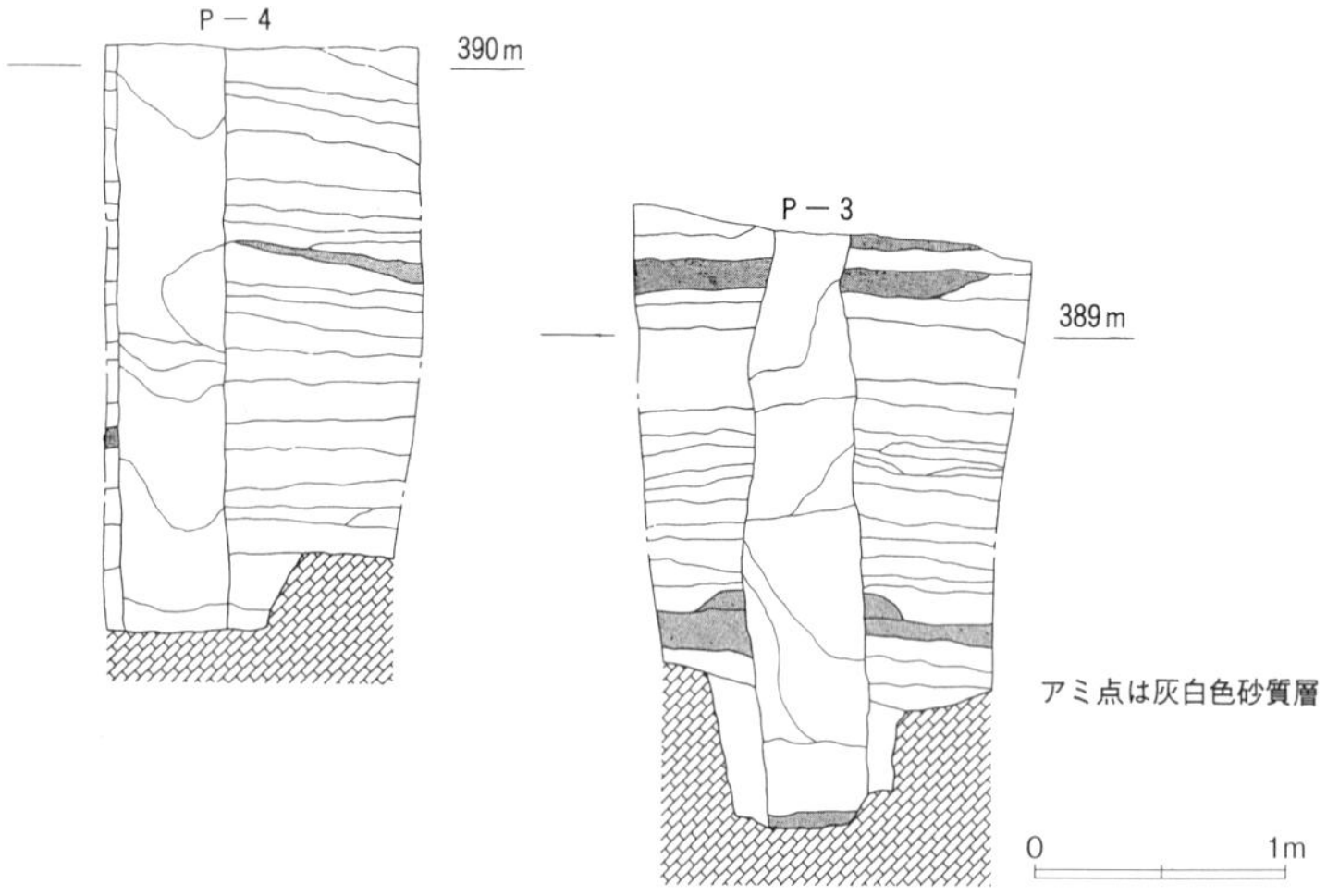

図47　角楼跡・土塁中柱断面図

い城壁が完成する。先に設置した内側列石を埋め、石段を築く。残念ながらこの角楼の上面にどのような施設があったのか不明であるが、この石段はその施設に上がるためのものと考えられる。

この角楼は西門近くにあり、背後の尾根と繋がっていることから背面の防御と西門を護る見張り場としても機能していたと思われる。とくに角楼と西門との距離が約六〇《メートル》あることは重要で、それぞれの場所から射た

図48　南門跡門通路石敷

弓矢がたがいに届く距離であることが指摘されている。

（四）南門跡

一九九七（平成九）年に調査した門跡で、鬼城山の特徴である一二本柱の城門が初めて確認されたのがこの南門跡（以下南門とする）である。南門は一九九六（平成八）年度の調査期間中の踏査で土塁の切れ目、その下方に石敷と思われる石材があることなどから調査することとなった。調査前の地形状況などは東門・西門と類似していた。

南門は、城塁南面側のほぼ中央に位置する。谷を挟んだ北の尾根には礎石建物群がある。南門は西門と立地が大きく異なり、前面が急斜面で背面が尾根となっている。このため門通路と城内の高低差が大きく、七段の石段が設置されている。この石段を上ると正面は自然の壁で塞がれており、

図49　調査前の北門跡

図50　北門跡排水溝

したがって兵の動ける場所は城壁にともなう敷石部分が主となる。この門の場合、西門より城内側の石垣や敷石が直線で長い。これは意識的にそうしたというより地形によるものと思われる。また、石段を上り詰めた場所に柱穴が二穴認められるが、用途は不明である。この門でも通路の石敷はよく残されていたが、前柱列から前面の石材は流失していた。

規模は正面一二・三メートル、奥行き七・五五～八・一メートルで、残存している城壁の高さはおおよそ五メートルである。柱の規模は一辺最大五八センチで、柱底は地山とほぼ同一面になることから、この門においても城門構築部分を地山まで削平していると考えられる。平面規模は西門と同規模である。

このときの調査では南門背後の尾根の確認調査を実施しており、建物などは発見されていないが、円面硯が出土している。

現在この門跡は門道部分が見えるように公開している。

図51 整備前の北門跡（上）と礎石（中・下）

（五） 北門跡

北門跡（以下北門とする）は一九九七（平成九）年度の確認調査で存在が判明、二〇〇一（平成十三）年度に発掘調査を実施した門跡である。確認調査時に、幅四〇～五〇センチ、深さ二〇～三〇センチで底面に石を敷いた排水溝（図50）が確認された。発見の契機は外郭線の再踏査を行った際に南門跡を確認し、さらに背面側の土塁が切れる位置で上面が平らな石を発見したことによる。

その他の門跡が背後に尾根を背負うのに対し、北門跡は谷頭部分に設置された門である。そのためか地山を掘り窪めて城内と段差を設けている。

門にともなう柱は角柱二、丸柱六と整形の違う柱が混在している。これも他の門跡と大きく異なる点である。

先の確認調査で発見された排水溝は、地形の改変にともない城内の雨水が門道部分に流入するために設けられたものであろう。北門跡の門道部分の両側石垣は城内側に開く形で東門に似る。

北門においても南・西門と同様に城内側の城壁が低い石垣となる。しかし西・南門では石垣に接して敷石を設置するのに対し、北門では敷石は認められない。また石垣の下部は埋められており約半分の高さになっている。

さらに、西・南門では石垣の天場が城壁の天場となるのに対し、北門ではさらに盛土がなされている。この盛土については時期差が考えられている。

また、城外においても北門では向かって左側に低い石垣を設けている。この石垣設置理由についてはよくわからないが、門を挟んだ左右の土塁最下部の高さに約二メートルの差があることと関係があるのかもしれない。西門では城外左側を盛土で高くし、門左右の高低差を設けている。

（六）城門に関する試案

さて、ここで各門のなかで、門周辺まで調査を広げて実施した東・西・北門について、構築手順を考えてみたい。

東門の平面図に土塁構築推定線を加えたのが図52の①である。土塁を構築する際には現地で基準線の設定を行ったと考えられるため、図上で推定線を試案したものである。こうした推定線は、鬼城山のような規則性が認められる遺跡では効果が上がると思える。

門の位置は第五一塁状区間に位置し、最大長で

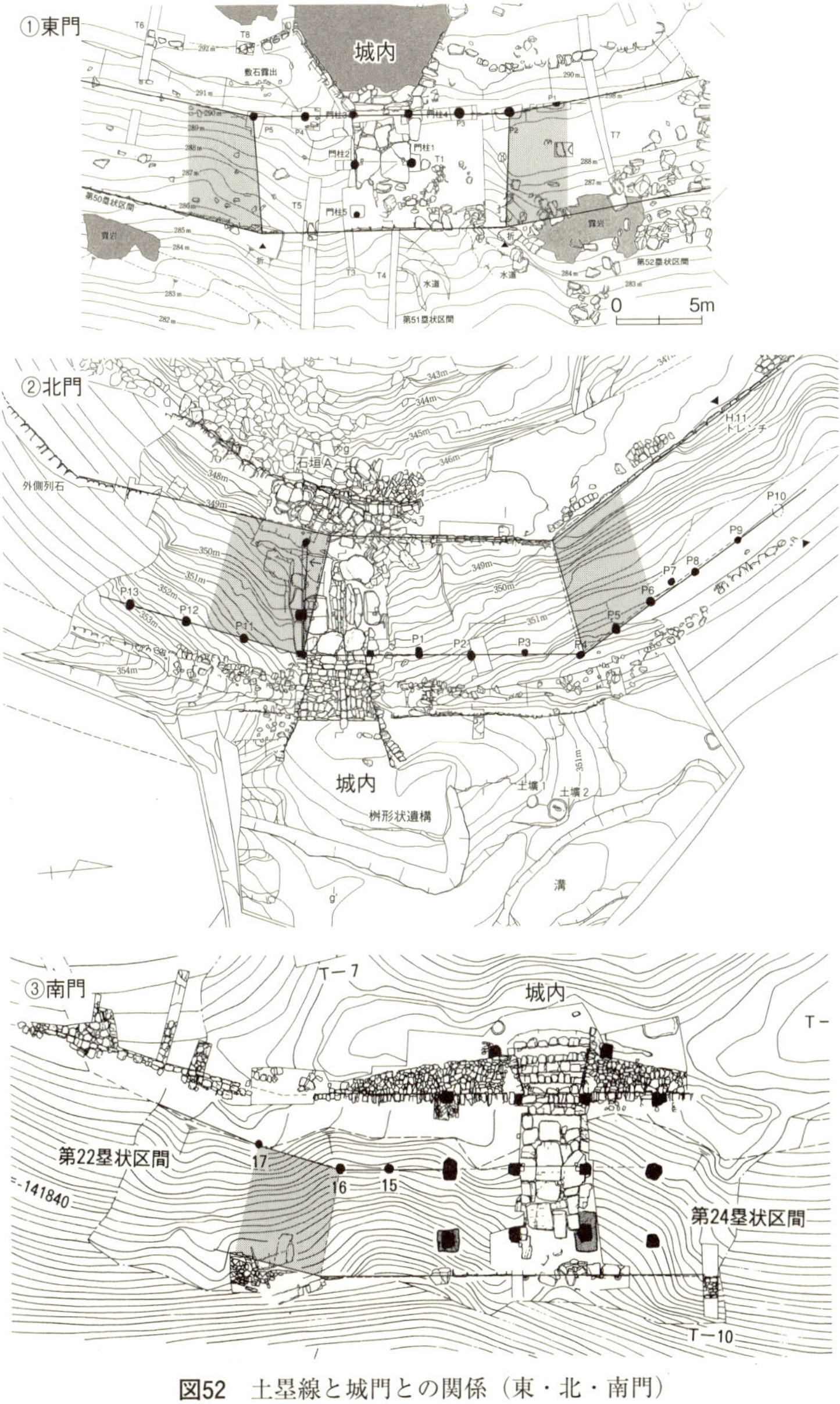

図52　土塁線と城門との関係（東・北・南門）

一五メートルを測る。柱列の調査から第五一塁状区間の中心に門が設定されていることがわかる。残念ながら外側列石が一部欠損していることから、塁状区間の正確な中心かどうかは明確にできない。報告書の折と推定線がズレるのもこのためである。列石で気になるのが、この区間の中心部分のものが城内側に入ることである。しかしこれはわずかであり、意識されたものかどうかは、明確にしにくい。

　東門は土塁柱列五間部分の中心に設けられており、門構築における土塁の改修は、城内部分のハの字に開く低い石垣とそれにともなう城内列石と敷石であり、最小の拡張といえる。ただ東門の場合、土塁中の柱列のあり方から門の構築は土塁構築と同時の可能性がある。また、門柱が土塁中の柱列と直角となるなど、塁状区間と門との関係を考える上で重要である。また城内石垣を見ると、西側が大きく開いている。こうした形状は城内への侵入を東から誘導するための造作とも考えられる。

　次に、西門においても東門同様に土塁構築推定線を引くと、門の位置する区間の形状が推定できる。ここは第二塁状区間になり、現状では門はその中央に構築されている。

　門構築前の土塁を推定してみたのが図53の①である。外側列石をそれぞれ東西から追えば柱10の前で交差する。この点をAとする。折れで繋がる土塁は、折れの角度が少ないと台形状になり、角度が大きくなると正方形に近くなる。ここでは角度が小さいため、点Aからほぼ直角になる方向に柱列が伸びると考えられ、P14から二～三間分柱が存在していたと思われるがここでは二間としたい。それぞれ柱B・Cとする。次に角楼からつながる土塁の外側列石の角をEとし、先と同様土塁

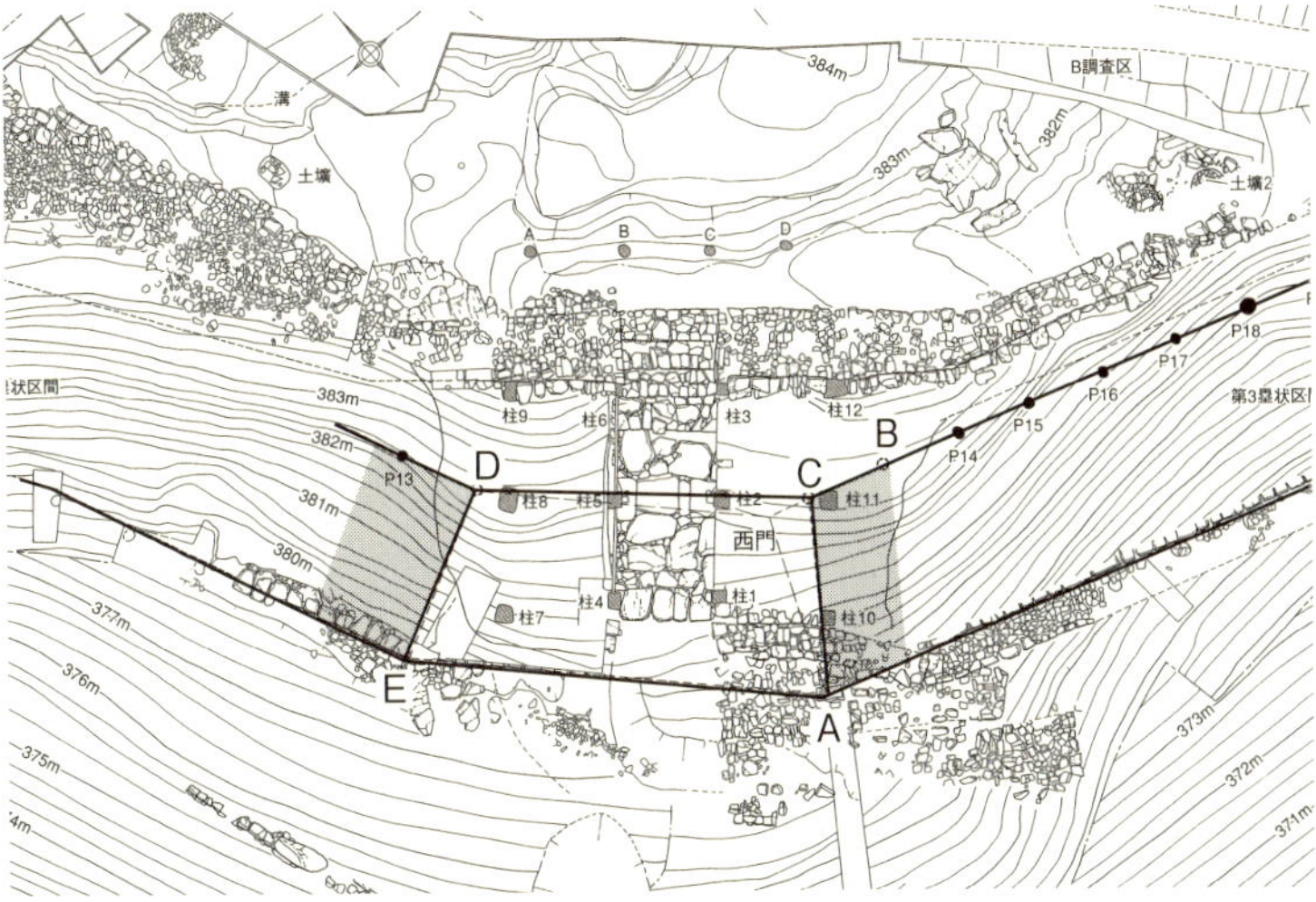

① 西門構築前の土塁推定線

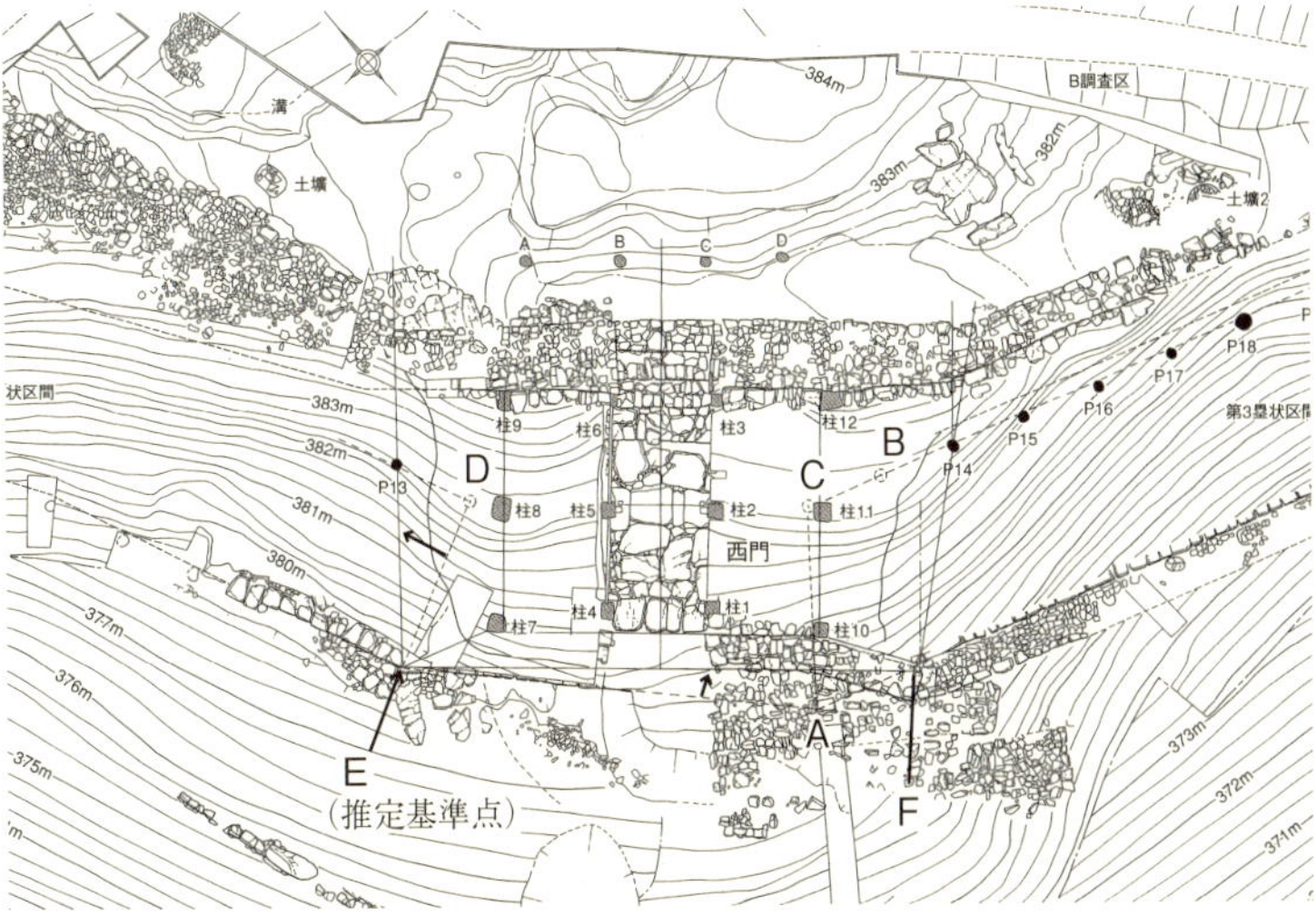

② 西門構築のための推定線

図53　西門跡の土塁推定案

に対し直角方向になる位置に柱Dを想定したものである。ここで問題になるのが、C・D間が三・五間となりスッキリとは割れないことで、四間とした場合はBとCとの間に柱を想定しなければならない。

次に、門構築のための推定線を図53の②に示した。まずDとCを結ぶ線が門の蹴放し線と一致することから、門の位置を決める基準線の一つと考えられる。また、EとP13を結ぶ線が西の端となっている。E点からD・Cと平行な線を東に伸ばし門の正面を定める。このとき東の端のFを設定し、E・Fの中心を門の中心線とする。最後に東門同様に門正面より城内側が広くなるようにFとP14を結ぶ線を東の端とする。こうしてできた門規模が収まる掘り込みを設けている。この掘り込みの検出状況から、土塁は図53の①で推定した形状まで仕上がった段階から門構築へ移行していることがわかる。つまり土塁構築を優先し、その後、門を構築したと考えられるのである。城壁構築工程のなかで生じた結果とみる考えがある。

西門も東門同様に門柱間三間とP13とP14を含めた五間の門規模となる。もちろん門柱間が土塁中の柱間と異なるため変則的な五間になる。

次に北門を見てみたい。北門は他の三門と異なり城内側に入り込んだ土塁に構築されている。まず外側列石と土塁中の柱列から推定される元の土塁の推定線を設けたものが図52の②である。ここでも柱間は五間となっている。北門で特異なのが門の位置で、東・西門が塁状区間のほぼ中心に門を配置するのに対し、塁状区間の端にあることだ。そうした位置にする理由で考えられのは、門の位置をずらすことで存在をわかりにくくしているのではないかということである。

門構築の際の掘り方は最小限としているように

思える。城内側にも柱が存在するが、柱間が石垣となり柱の役目については不明である。また、門道部分の柱間も門扉位置が城内寄りに入る構造とし、外から見えにくくしている。さらに城外側の柱も北側が少し入り、南からの侵入を困難にしていると考えられる。鬼城山の城門は基本的には城外から見て右を高くして、左側を段とすることで侵入を阻害している。

南門については、東側の柱列の状態が不明で門構築前の土塁を想定することが困難なため推定線は設けられないが、門西側に残る柱列をみると南門構築用の掘り方は最小限の範囲に収まることが考えられる。また、規模も五間以上となり、門を配置した塁状区間では最大長となる可能性も高い。門の位置する塁状区間が広長くなると、視野に入りやすく門の位置がわかりやすくなる。このことからも南門は城正面の正門の役割があったことを示していると考えられる。しかし、その反面立地する地形は尾根斜面であり、門を入った後は急な階段と尾根が敵の侵入を阻む構造となっている。

4　水門跡――第0水門跡

水門跡は一九七八（昭和五十三）年に調査した第二水門跡と二〇〇〇（平成十二）年の第0水門跡の二カ所が調査されている。

第二水門跡の調査は部分的なものであったが、一九七八（昭和五十三）年時に唯一発掘調査が行われたところで、鬼城山水門の構造的な特色が初めて明らかになった。城内側は谷部で四段程度の石積みがあり、岩盤上を流れる谷水を外側石垣上端へ誘導している。水門排水口は箱式石棺のように天井に平らな石を架け、その上は版築で覆われ

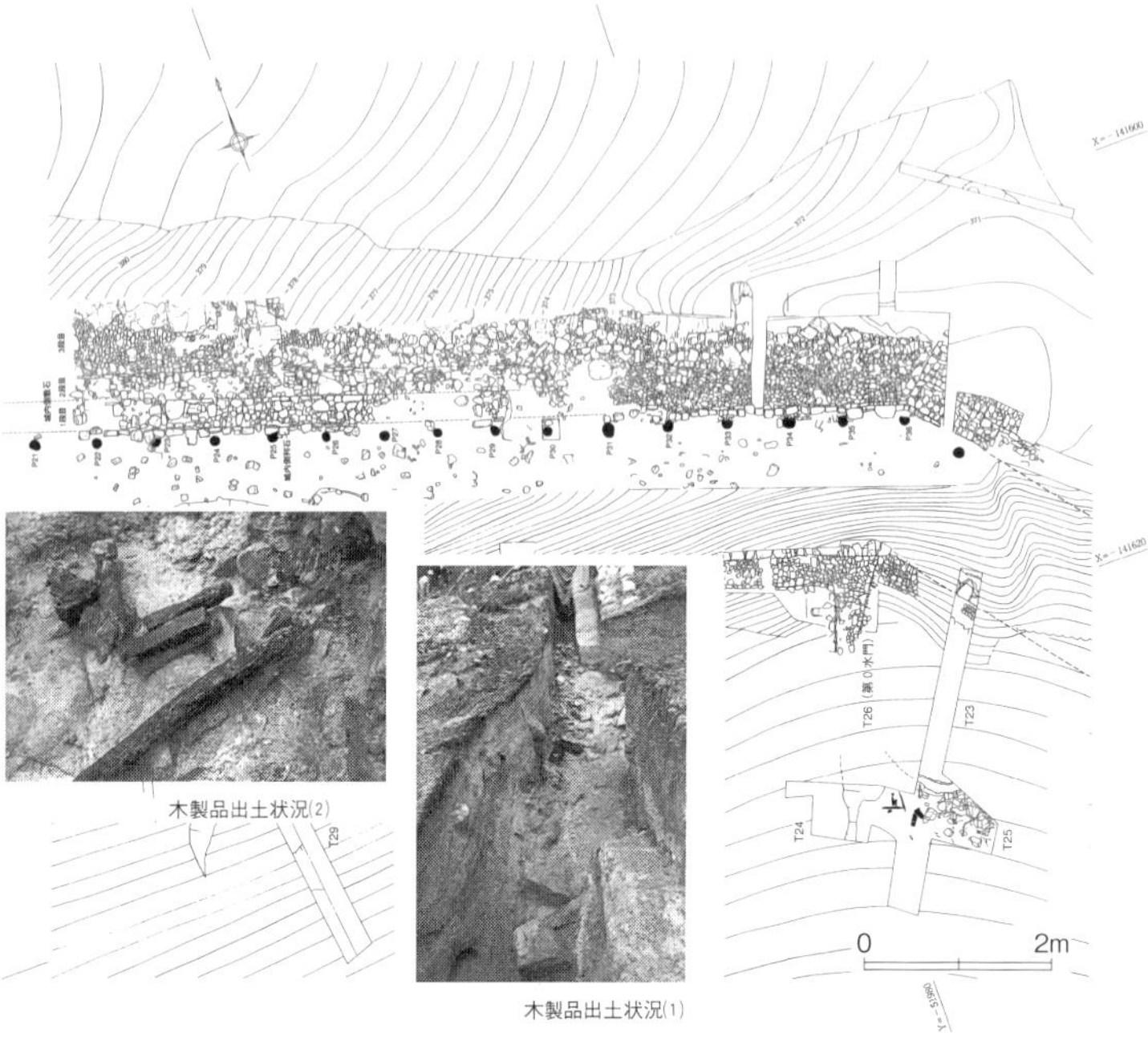

図54　第0水門跡周辺平面図と木製品出土状況

る。鬼ノ城の水門排水溝は城壁下部の石垣中ではなく、上部版築土塁との境に設けられている。一九七八（昭和五十三）年時には五カ所発見されており、第一水門跡のみ排水溝をもたない構造であった。

　第0水門跡は、報告書『鬼ノ城』においても水門がある可能性が指摘されていた場所である。一九九七（平成九）年度の調査時にも土塁下部の石垣が一部検出されていた。

　二〇〇〇（平成十二）年度の発掘調査により、第一水門跡と同様な排水溝をもたない仕組みの水門であり、城外側に桝状の石組みがあることが判明した。第一水門跡同様に水量が比較的少ないことが排水溝をもたない理由と考えられる。

　この桝状の石組みは二段程度の低いもの

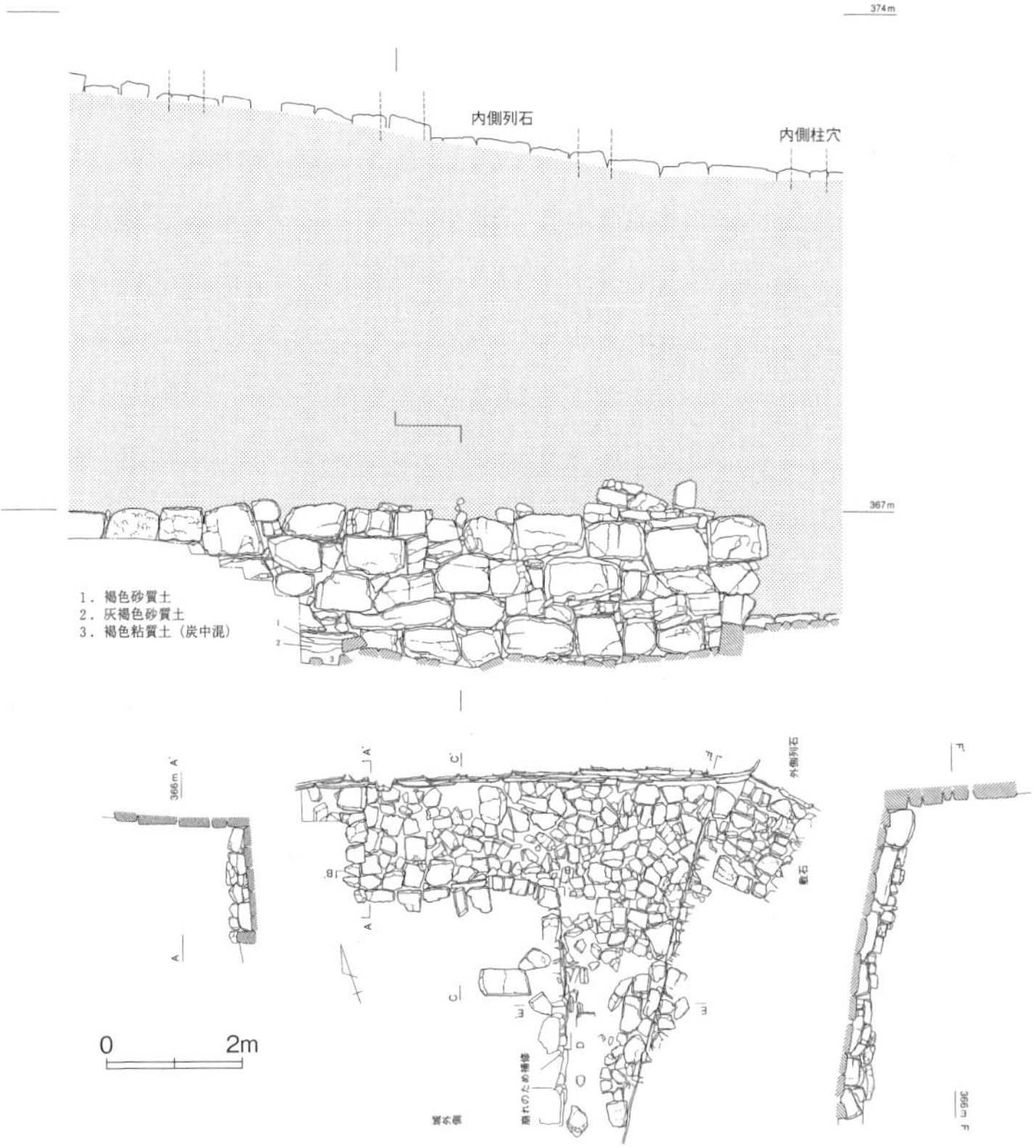

図55　第０水門跡平・立面図

で、内部には敷石を施している。また長方形の短辺側を延長する形で排水のための溝をつけている。この排水溝の先は素掘りの溝となる。

城内側には捨石を広い範囲に施し、排水しやすくしている。この部分は城内側も列石から下に石積みの石が認められるので、排水時に城壁が削られるのを防ぐ目的か、水の通りを容易にする工夫かとも思う。

なお、第０水門跡および下流からは自然木や木製品が出土している。

本格的な調査ではないが、一九九七（平成九）年度に第三水

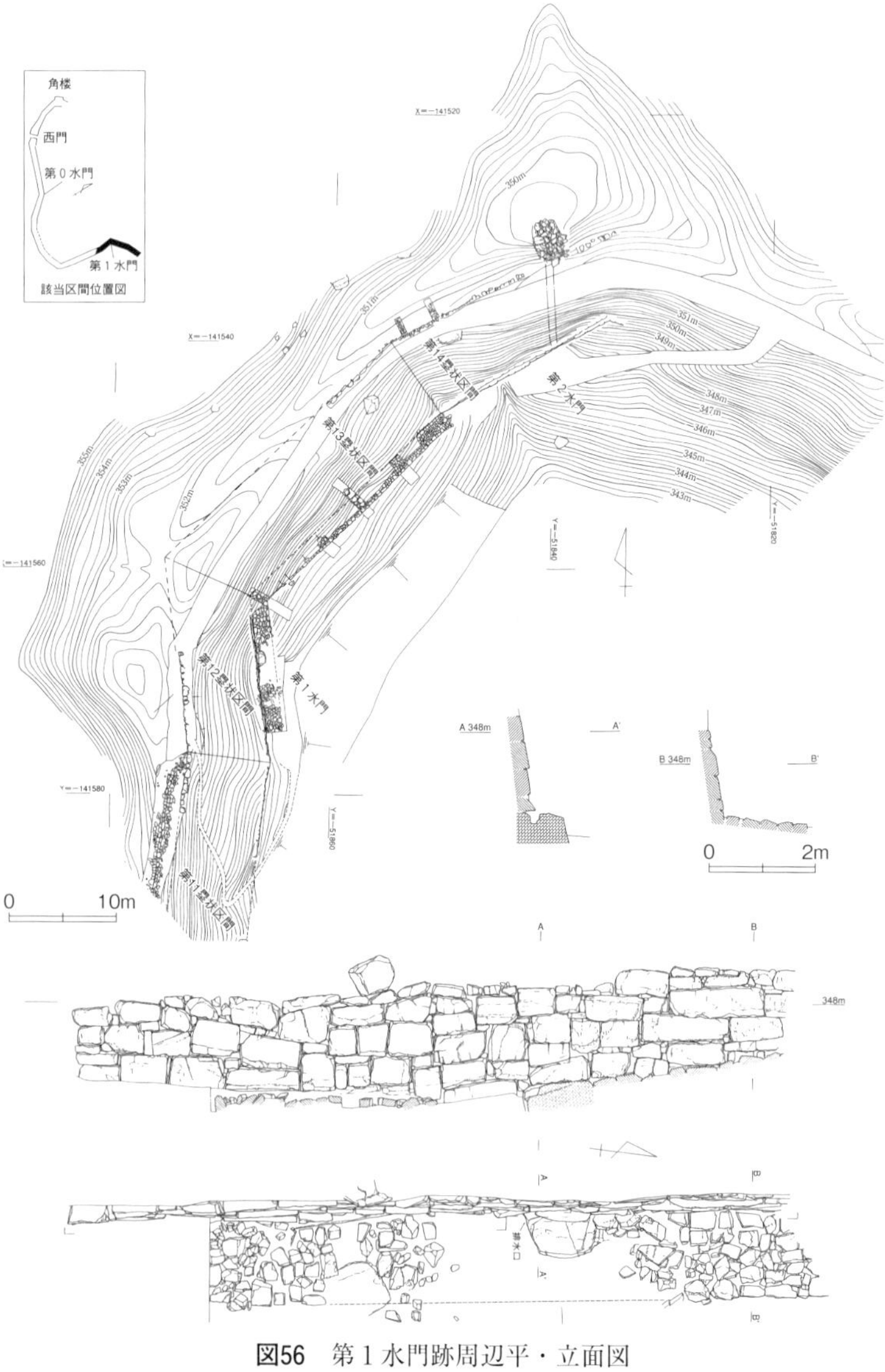

図56　第１水門跡周辺平・立面図

門跡（図58）の城内奥にある池状湿地において、土手状の高まりに石積みを確認している。また、岡山県が一九九九（平成十一）年に確認調査を実施した第五水門跡の上手においても土手状の高まりで石積みを確認し、石の積み方などから築城時の貯水施設の一部と考えられている。

　第三水門跡が存在する第三〇塁状区間の調査を一九九七（平成九）年度に行っている。そのときの第三水門跡の状況を記せば、通水口の正面は開口しているが、集水側が埋没し水道が大きく変わり、土塁の一部を削って城外へ流れ出ている。集水口周辺の清掃で、他の水門とは異なる構造が明らかになっている。それは、他の水門の城内側が石垣状になっているのに対し、内側壁の一部が城内側に張りだし、上面に敷石を設置していたと推定されることである。また、同じ年度に第三水門のある谷筋で長さ二〇メートル、幅三メートル、高さ一・五メートルの土手状の高まりを確

図57　整備前の第０水門跡

図58　第３水門跡

認し、土手状の高まりの先端部に石積みがあることが判明した。また、土手状の高まりの切れるところにも二段の石積みがあり、貯水施設と考えられている。

一九九八（平成十）年度には第四水門跡の部分補修を行い、そのときの観察所見を年報に報告している。それによれば、第四水門跡の現存石垣の上面では外側壁面に平行した石列が認められ、このことから、「第四水門跡の石垣は前面の石積みに平行するかのように、石列状に築きつつ高さを増し、最終的には背面石列を含めて四列の石列状に構築したのではないか」とし、構築方法をうかがわせるものとしている。これは部分的な観察で、将来の発掘調査で修正が行われる可能性もあるとしている。

5　高石垣

鬼ノ城の城壁の大半は版築土塁であり、高石垣はすべて調査しているわけではないが、総延長で約二五〇メートル程度である。どの部分を石垣として選定したのか、その理由についての定説はなく、威嚇や補修を理由として上げている。多くの高石垣では自然の露岩を巧みに利用しているように感じられる。版築が流れて地山が露出している箇所を見ると、急斜面で岩があるところは版築には向いていないため、適材適所で石垣を用いているとも考えられる。

実際に高石垣にしている区間は、第七塁状区間、第一九塁状区間、第二七～二九塁状区間、第三七～四二塁状区間というように、南面部分が主で、通称屏風折れ石垣といわれる五六～六九塁状区間のみ背面側まで石垣が施工されている。

高石垣には、折れの角度が少ない場所に築かれる場合と、折れの角度が大きく平面形が凸状に築かれる場合に分かれる。前者は第七塁状区間、第一九塁状区間であり、後者は第二七〜二九塁状区間、第三七〜四二塁状区間である。高石垣が築かれている場所の多くは、急斜面や岩盤が露出した場所である。第三塁状区間はどちらにも該当しない。

図59　高石垣（上：第３塁状区間、下：第19塁状区間）

第三塁状区間の高石垣は復元地区に含まれるため、ズレ・ハラミが認められる部分の解体と積足しを実施した。このためこの高石垣は背後の版築との関係も明らかになっているので、少し詳しく説明したい。

解体修理にあたっては、事前に図面化した石垣全体図を基に詳細な検討を行った。以前から指摘されているように鬼ノ城の石垣の積み方には、直方体の小口を正面に城内側に少し傾きを

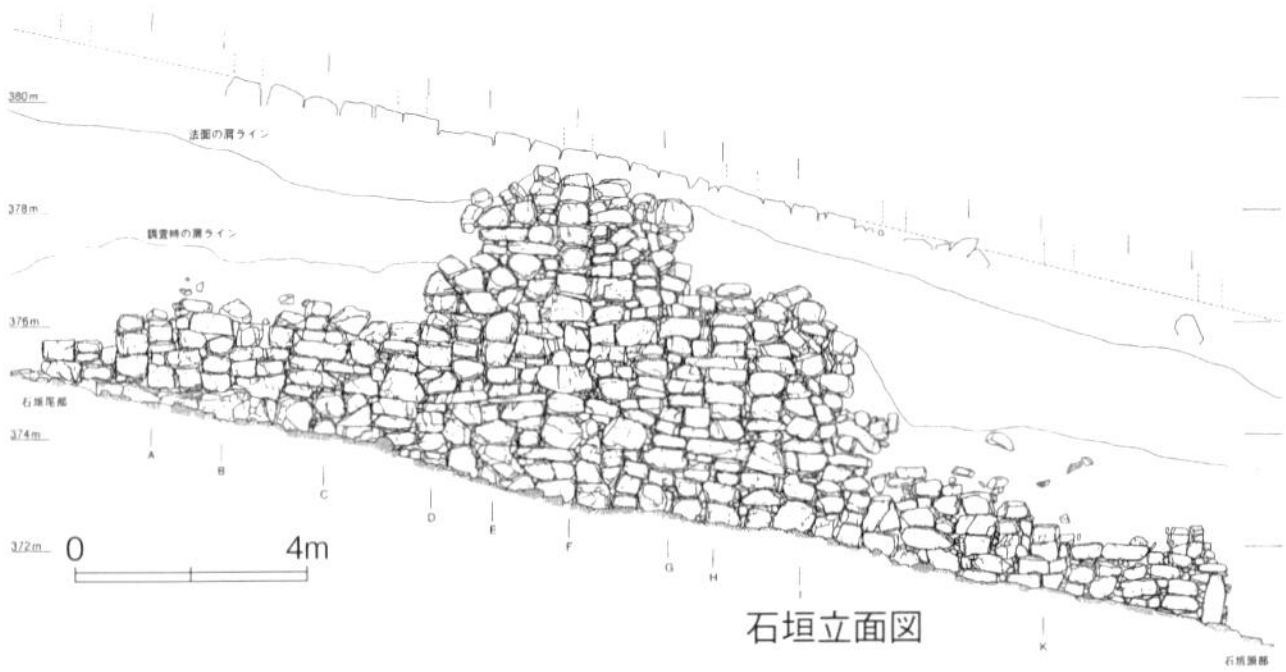

石垣立面図

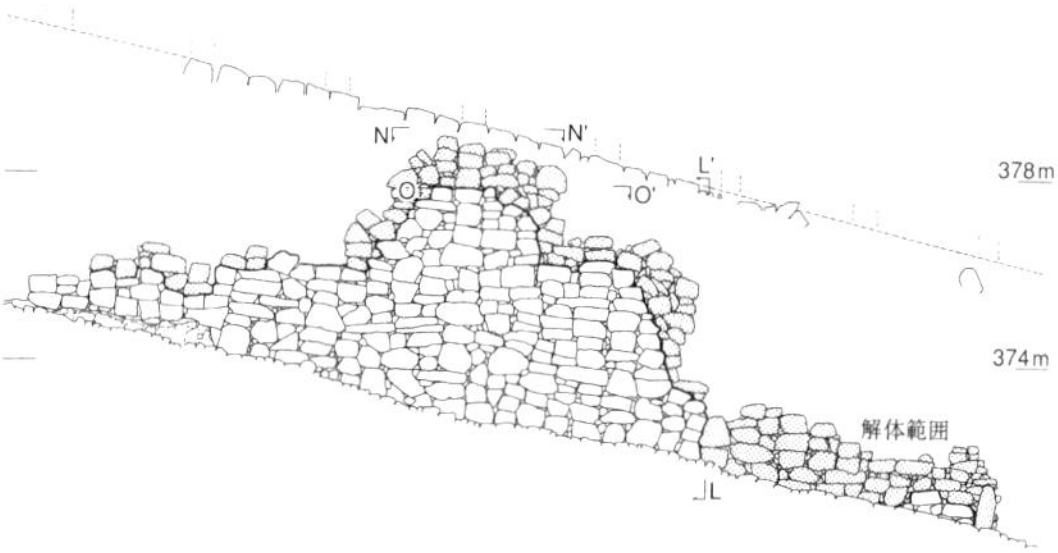

石垣解体範囲と図化位置

L側面図（上部は見通し）

図60 高石垣実測図

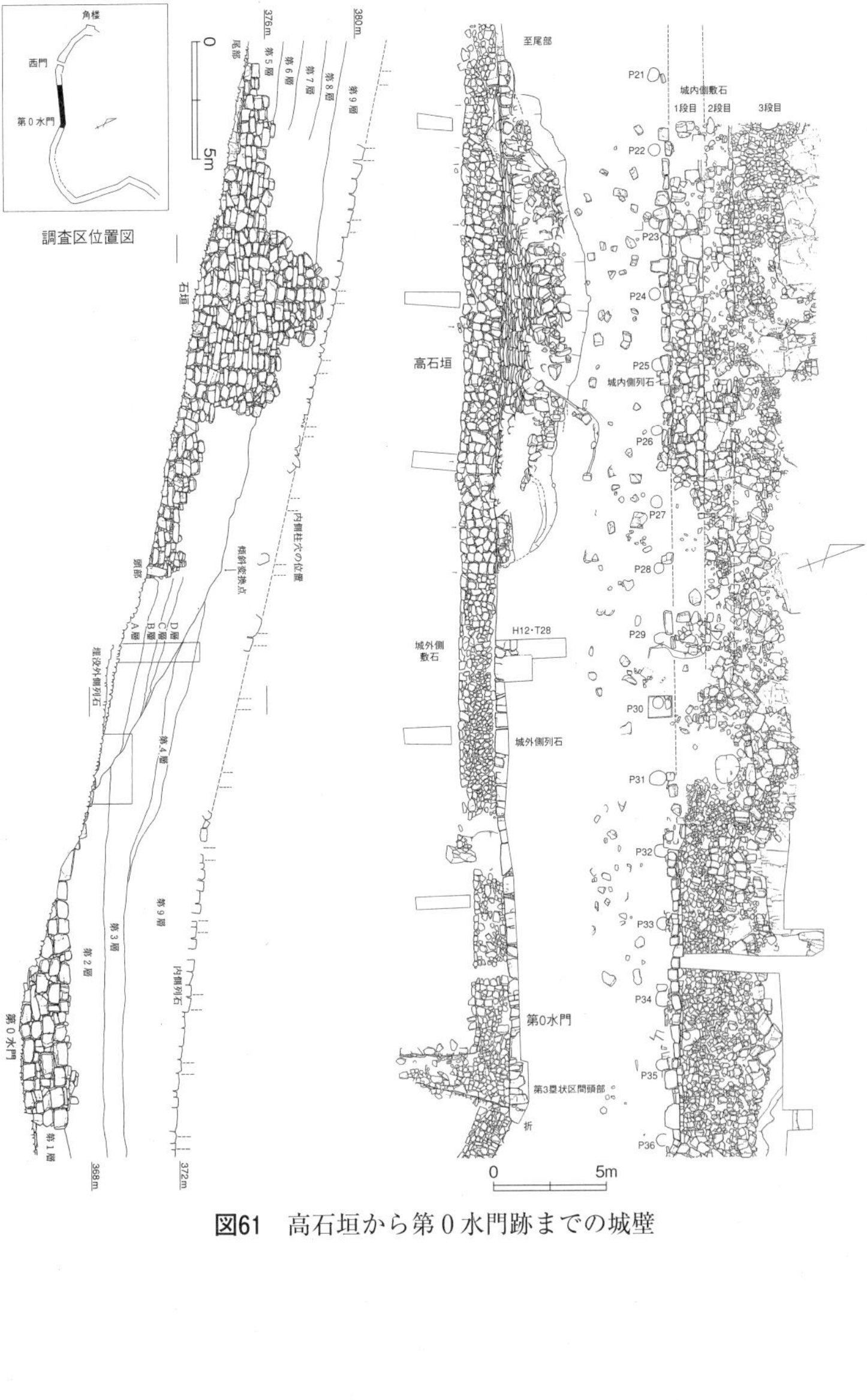

図61　高石垣から第０水門跡までの城壁

とり直線的に重ねて積む重箱積と、積んだときに横目地が通る布積などが認められる。このように積み方に違いが認められるのは、築城にあたって挑発された集団が広範かつ多人数であったことの反映といわれている。

　そこで図60を見てみると、高石垣のほぼ中央に重箱積がみられる。この積み方は石垣としてはよくなく、実際過重がかかりすぎ石材が割れているのが目立つ。こうした重箱積がおおむね三《メートル》間隔で認められる。次に布積に見られる横目地をみるといくつかの境があるように見える。この横目地は重箱積にくらべ見る人により多少境が上下する。こうした縦目地や横目地は石垣構築の作業単位に関わると推定されるが、解体修理した高石垣は他になく今後の調査研究課題である。

　次に図60の石垣断面をみると、この石垣の背面に若干の裏込め石があるのがわかる。こうした石垣背面の石の存在は、別の高石垣の上面でもみられる場所がある。また版築との関係では、石垣構築にともなう掘り方にズレがあることから背面の版築を積みながら、一定の高さまで積み上げた後に石垣を積み、さらに背後の版築を構築するくり返しと考えられているが、別の考えもある。また、高石垣の東端の石が立てて使用されているのが特徴で、石垣の端を示しているかのようである。二〇〇二（平成十四）年の修理では極力元の石垣を生かすこととしたため、解体範囲を抑えた。また調査は整備工事と平行して行っている。こうした調査は教育委員会職員が工事の進捗に合わせ実施した。

　この高石垣構築に関わることとして、隣接する版築城壁との関係が重要である。図61のように高石垣構築と平行して第0水門上の版築が行われたことがわかる。しかし高石垣にともなう版築が若

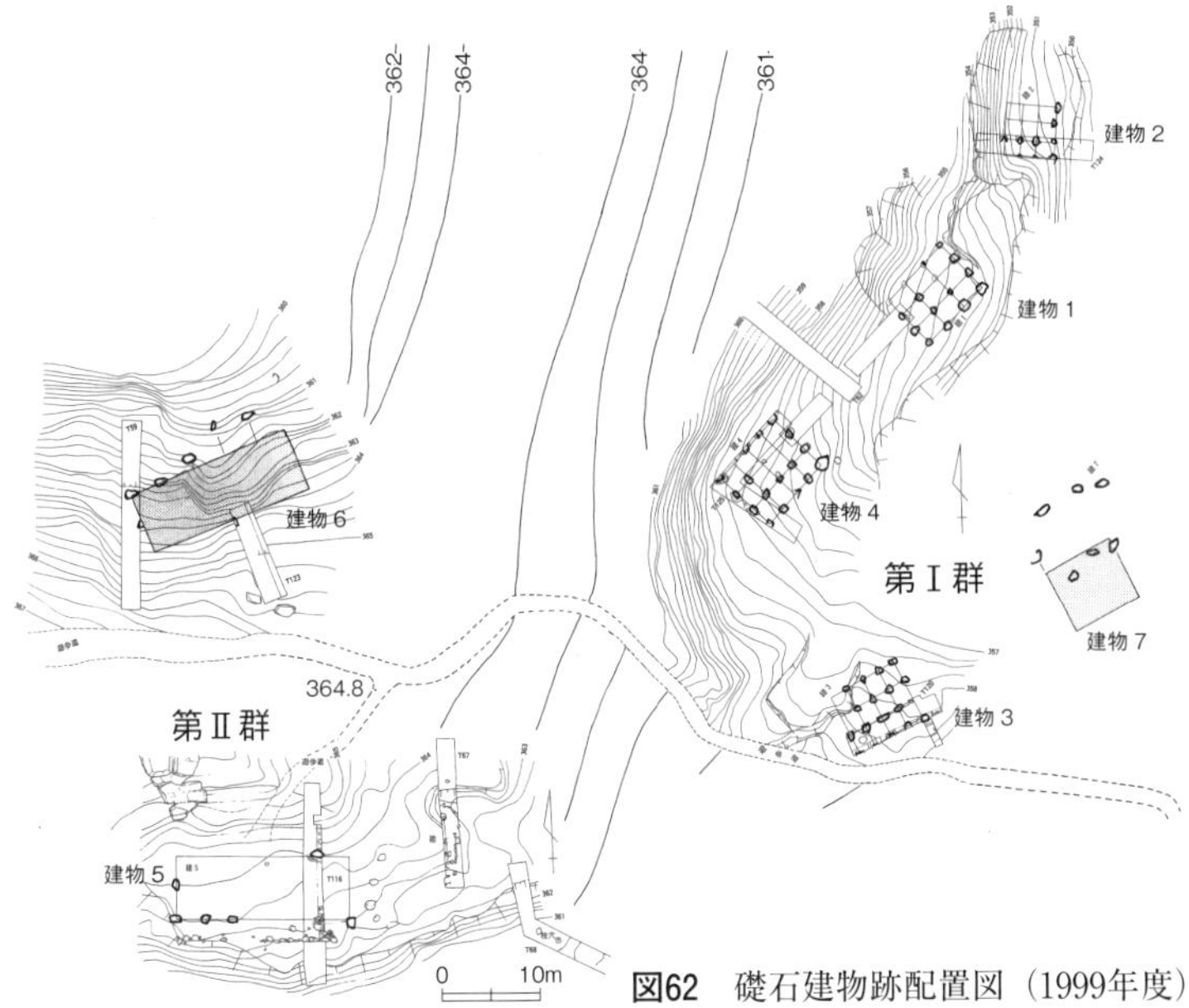

図62　礎石建物跡配置図（1999年度）

干先行することから、そこに高石垣の役割を見出そうとする考えもある。

6　城　庫

鬼ノ城では、神籠石系山城としては初めて城内の礎石建物が発見された。発見の経緯は、一九八三（昭和五十八）年に当時文化係の職員であった村上幸雄が地元の横田武夫から城内に大きな石が並ぶ場所があることを聞き、現地を案内してもらい、その石が礎石建物跡と確認。その後、周辺の下刈りを行い数棟の建物跡を発見した。礎石は花崗岩の自然石を用いたものである。一九八八（昭和六十三）年には布目瓦片が採取されている。

現在判明している建物跡は二群あり、東のものを第Ⅰ群、西にあるものを第Ⅱ群とする（図62）。確認調査は一九九九（平成十一）年に岡山

表2　建物跡規模一覧

		桁（cm）	梁（cm）
Ⅰ群	建物1	745	580
	建物2	525	500
	建物3	715	610
	建物4	767	660
	建物7	720	540
Ⅱ群	建物5	1785	650
	建物6	1760	650

県教育委員会が行い、二〇〇七（平成十九）年には発掘調査が実施された。

　最初に発見された群は第Ⅰ群で、当初三棟であったが現在は五棟あり、そのすべてが礎石総柱建物である。規模は表2にまとめた。建物は背後の尾根を大きく削り平坦部を造作している。礎石の上面はいずれも平滑であるが、つくりだしの柱座や円穴はない。

　第Ⅱ群は第Ⅰ群の西側で尾根筋を若干下った場所にある。礎石の配置から礎石側柱建物と考えられるものと、隣接した東側でも一棟確認された。西側の建物は大型で、間口一七・五メートル、奥行き六メートルで基壇化粧としてやや小型の石列をもつ。一九八八年に採取された瓦はこの近くで採取されたものである。一九九九（平成十一）年の確認調査で、この第Ⅱ群と遊歩道を挟んだ北においても礎石建物が発見されている。二〇〇七（平成十九）年度の調査で桁行五間以上、梁間二間の礎石側柱建物と判明した。

　以前から総柱建物と側柱建物の基準尺の違いが指摘されていたが、二〇〇七（平成十九）年の調査で側柱建物が平安期に改修された可能性が明らかになった。現在調査中なので、詳細は報告を待ちたい。出土遺物で注目されるのは瓦塔が出土していることで、城廃棄後の使用を考える上で重要である。

7　その他の遺構

前項以外、おもに次のような遺構が検出されて

図63　溜井・烽火場

いる。

(二) 溜　井

一九九八（平成十）年に発見された遺構である。この地で、一九七四（昭和四十九）年までタバコ葉を栽培していた横田武夫氏が掘った水溜めの周囲を下刈りし、隅丸長方形状の穴と下流側に土手状の高まりが確認された（図63）。しかし、こうした全体形は横田氏もはじめてみるものであったため、周辺の清掃等を行い遺構の時期解明に努めた。穴の大きさは長辺側が三・二《メートル》、短辺側が一・八《メートル》で深さは四〇〜五〇《センチ》である。この穴の上・下部には浅い溝状の流路が認められ、下流路底面で八世紀初めごろと考えられる須恵器片が出土している。

(二) 烽火場

この遺構は溜井と同じく一九九八（平成十）年に行った鬼城山山頂の確認調査により確認された。現地表から二五～四五チセンで岩盤に達し、九〇×五〇チセンの範囲が赤く被熱を受けていた。出土遺物がなく、時期は確定できないが、発見位置などから狼煙穴の底面と推察されている。

(三) 鍛冶遺構

一九九九（平成十一）年の県の確認調査で存在が明らかになり、二〇〇九（平成二十一）年の発掘調査で詳しい状況が判明した。ここでは、鍛冶炉と考えられる焼土面や大量の鉄滓・鍛造剥片・羽口などが出土し、近くからは須恵器も出土し、鬼ノ城の時期に城内で鍛冶が行われていたことが確実となった。

8　岡山県教委の調査にともなう遺構

岡山県教育委員会では、一九九四（平成六）年からの総社市教育委員会の調査が一定の成果があったとし、今後の具体的な史跡整備事業を視野に入れ、県有地を中心とした城内部分の実態を解明するための城内確認調査（「国指定史跡整備事業にともなう確認調査」国庫補助事業）を一九九九（平成十一）年に実施した。このときの調査地は、それまで総社市が県有地であるため発掘調査を行わなかったところである。

一九九九（平成十一）年の城内確認調査の概要を、既刊の報告書『国指定史跡　鬼城山』から見てみよう。

まず調査計画が発表されると、自然保護団体から調査は鬼ノ城の動植物の生態系を壊してしまう

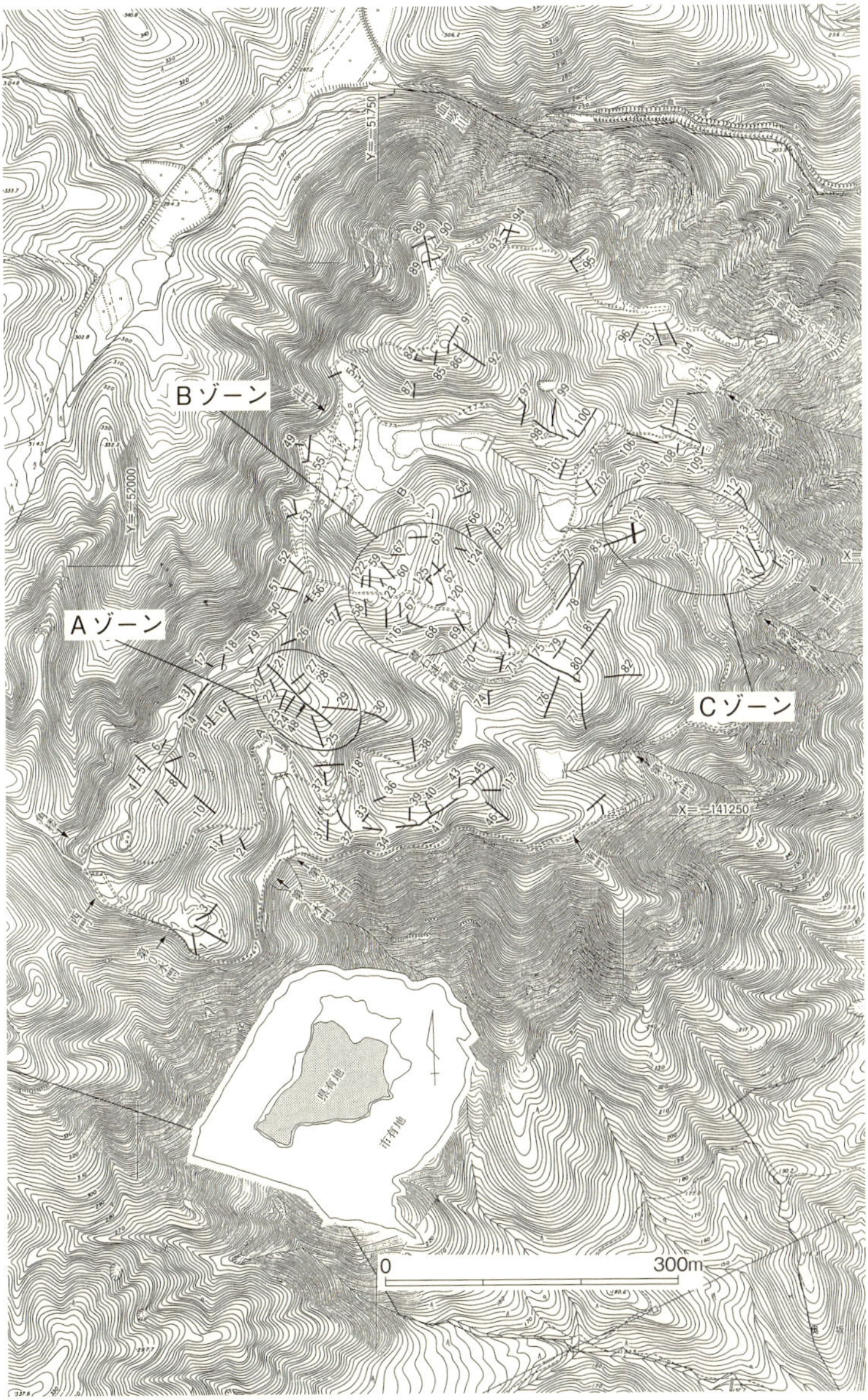

図64　1999年城内確認調査　トレンチ配置図（周辺地形図との合成）

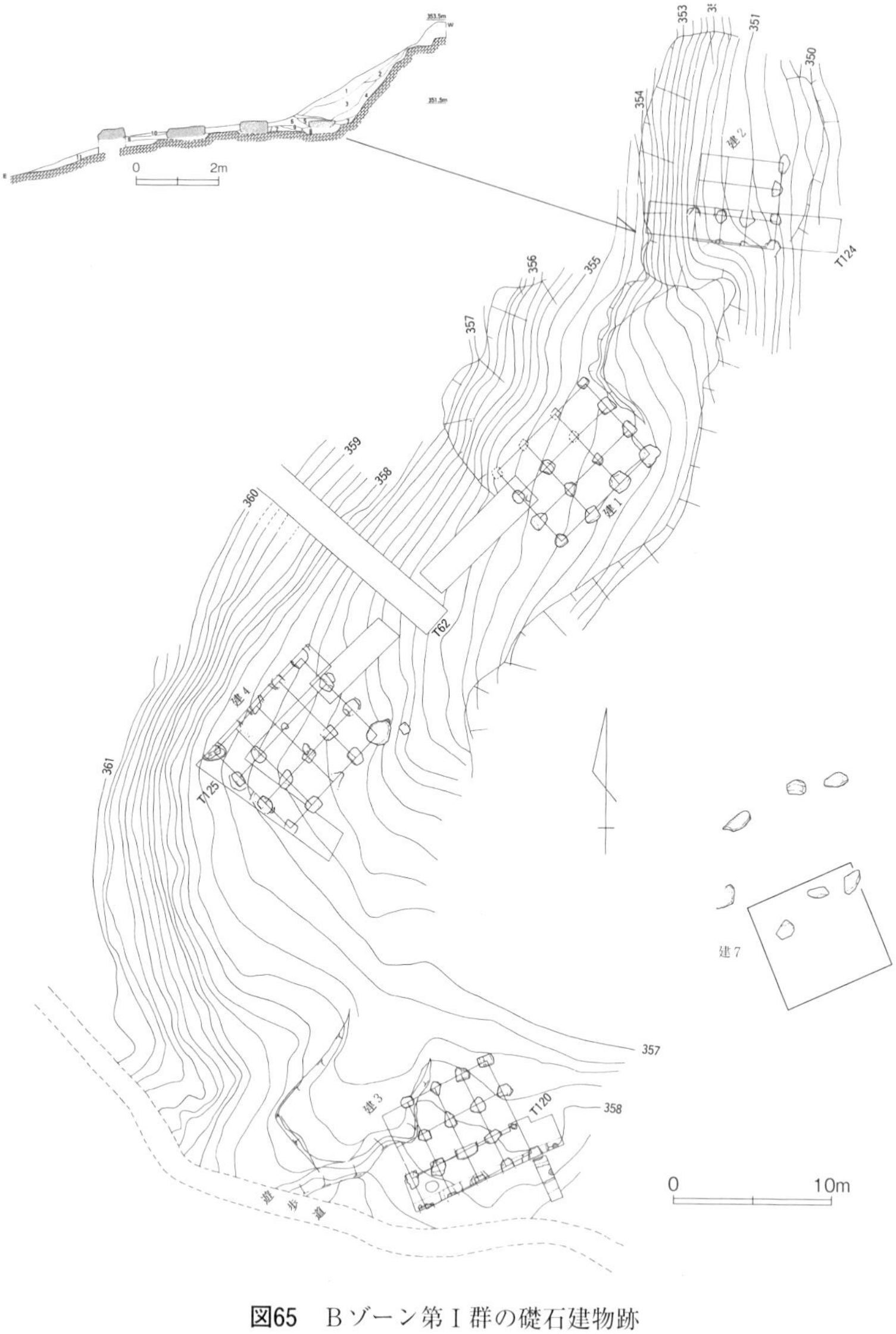

図65　Bゾーン第I群の礎石建物跡

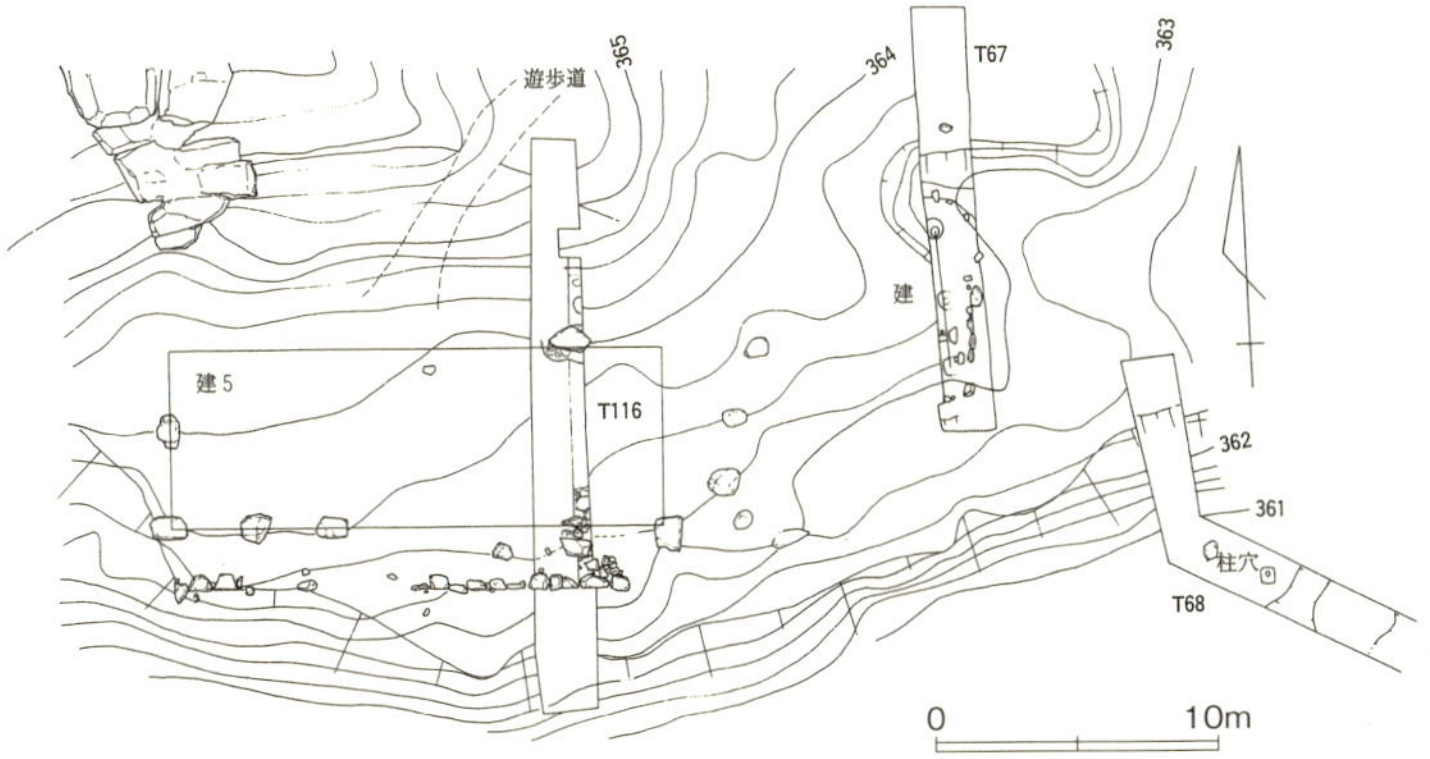

図66　Bゾーン第Ⅱ群の礎石建物５とその周辺

恐れがあるとして、計画の見直しの要望が関係機関へ出された。関係者との協議により、貴重植物が生息する湿地帯を調査対象から外し、さらに調査対象地の植生調査を行い調査区の位置を変更したうえで、ようやく確認調査の実施が可能となったのである。

総調査面積は五八三〇平方メートルで、トレンチ総数は一二二本であった。

調査の結果、特徴的な機能・性格で大別するとA・B・Cゾーンに分かれるとした（図64）。

（一）Aゾーンの遺構

Aゾーンは第二水門がある谷筋の北にある尾根の付け根で、この尾根の先端南斜面に南門が位置する。ここでは多くの土器が出土し、また柱穴などが検出されたため、築城工事にともなう作業拠点あるいは築城後の兵士の駐屯地としての利用が想定された。

（二）Bゾーンの遺構

Bゾーンは従来から知られていた礎石建物群の部分であるが、この調査により新たな礎石建物が発見された（図65）。

図67　礎石建物７の礎石（中央に柱痕跡、著者撮影）

この尾根はAゾーンと谷を挟んだ北尾根で、先述のように尾根北部分の礎石建物群を第Ⅰ群、南部分にあるものを第Ⅱ群としている。露出した礎石と一部礎石の位置を確認する程度の調査を行い保存が図られていた。

第Ⅰ群は四棟であったが、新たに二棟発見された。礎石建物６は既知の礎石建物群から約七〇《メートル》西に位置し、従来知られていた第Ⅱ群の側柱建物と尾根筋を境に対の位置にある。規模は五×二間で、柱間は約一〇尺等間で第Ⅱ群の側柱建物とほぼ共通するとされたが、二〇〇八（平成二十）年の調査で新たな礎石が見つかり、六×二間の礎石建物であることが確認された。また礎石建物３の東で礎石建物７の礎石を発見した。

第Ⅱ群は従来から知られていた化粧基壇をもつ側柱建物（礎石建物５）で、六×二間の規模が考えられていたが、二〇〇八（平成二十）年の調査でほぼ確定した。また、側柱建物の東側で掘立柱建物が検出され、さらにこの掘立柱建物付近でも小規模な列石が検出された（図66）。一九九九（平成十一）年の調査で掘立柱建物は先の側柱建物（礎石建物５）より古いと考えられたが、二〇〇八（平成二十）年の調査でこの掘立柱建物が平安時代のものと考えられるようになった。

（三）Cゾーンの遺構

Cゾーンは東門背後から第四水門に注ぐ谷川縁

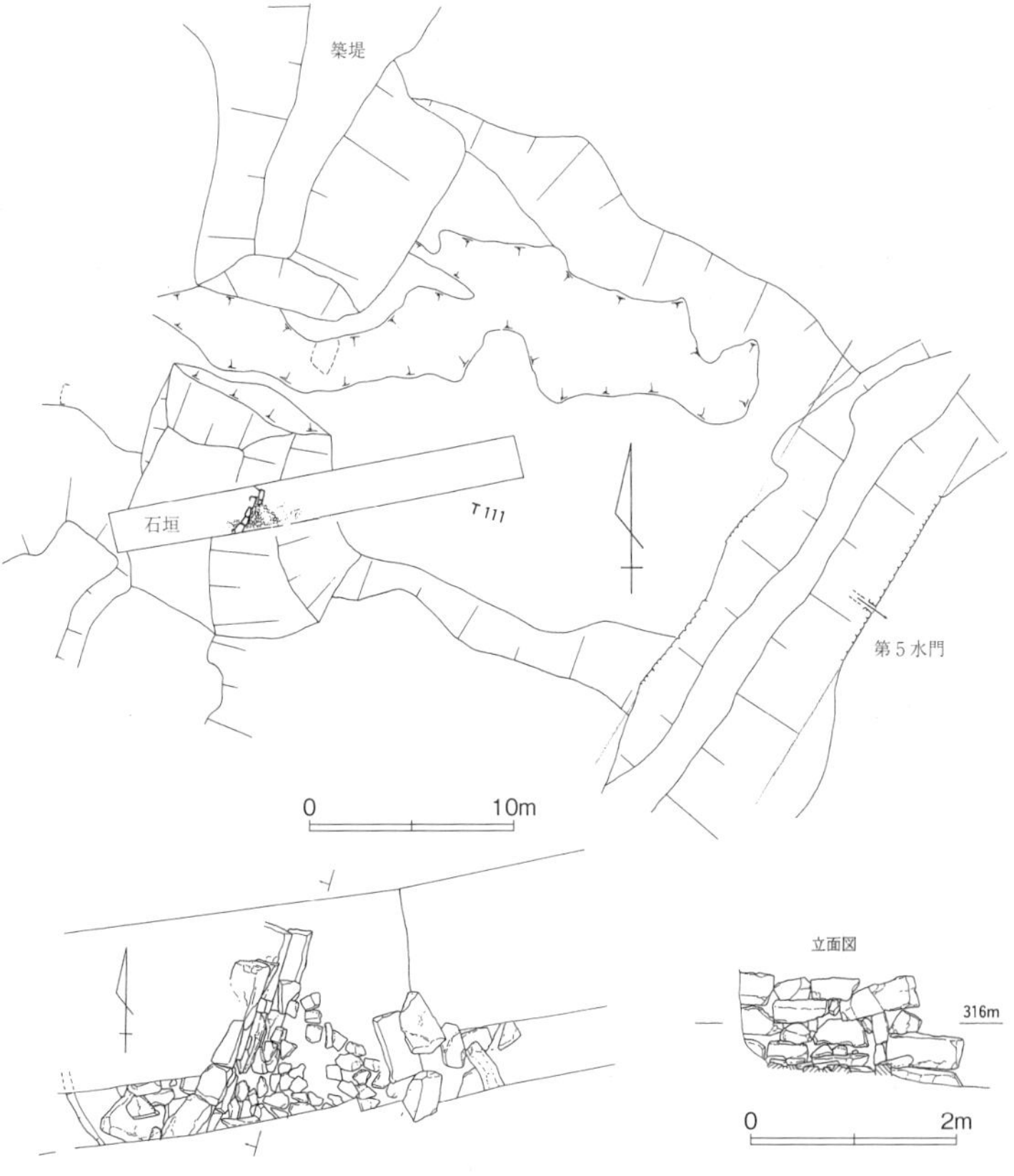

図68　第5水門跡城内築堤

辺部分で、従来鉄滓の出土が知られていた。報告書では「鉄」と深く関わる「モノ作り」の谷を想定していたが、二〇〇八（平成二十）年の調査によってはたして鍛冶炉群が検出された。

（四）遺物

遺物では礎石建物1の東側で須恵質の瓦塔片が出土し、鬼ノ城が古代山城から仏教寺院あるいは堂塔へと変貌した可能性を推察し、九世紀前半の良質な緑釉陶器も出土している。

（五）ゾーン外の遺構

ゾーン地区以外では、第五水門の上位に築かれた築堤部分に入れたトレンチで高さ約一メートルの石垣とその前面に敷石を検出し、水利施設の一部と推察している（図68）。

その他では古代の造成工事跡や縄文時代にさかのぼる「落し穴」なども見つかっている。

また、一九九九（平成十一）年の調査では池ノ下散布地の試掘調査も実施している。この池ノ下散布地は鬼城山の南東約一・八キロにあり、血吸川の流れる谷を塞ぐように約三〇〇メートルにわたって堤がある。この堤を鬼ノ城の防塁ではないかと指摘する意見があった。一九九五（平成七）年にも総社市教育委員会で小規模な試掘調査を行い、人為的に構築した堤であることを確認したが、時期を決める遺物は出土していなかった。

一九九九（平成十一）年の岡山県教育委員会の調査結果では、堤の基底部の幅が二一メートル、高さは二・六メートルあり、本来の高さは三メートル近くあったと推定している。また、盛土中から六世紀後半の須恵器が、土塁を崩した造成土から室町時代後半の遺物が出土している。

さらに、トレンチ2では堤の盛土直下から植物遺体（広葉樹の枝葉）が出土し、それを放射性炭素年代測定にかけ、一六五〇±六〇年（暦年較正で五世紀代）の値が示されたとしている。この調査においても堤の構築時期は確定できず、鬼ノ城との関わりを積極的に裏づける証拠は得られなかったが、防塁の可能性は依然として残されたとしている。

Ⅳ　モノが語る鬼ノ城――最新の発掘調査成果〔遺物編〕

鬼ノ城からの出土遺物は決して多くはない。それらの遺物の多くは須恵器である。

総社市の行った発掘調査はおもに城壁部分であり、もともと遺物が多く見出せる場所ではないが、それでも甕を中心に何種類かの須恵器が出土している。これらは、平安期以後のものを除くと多くは七世紀後半から八世紀前半のものと考えられる。

二〇〇六（平成十八）年からの岡山県教育委員会による調査では、城内部分であるため大量の須恵器が出土している。ここでも七世紀後半以降のものがおもなものといわれている。

出土遺物で最も多い須恵器から記述すると、出土した須恵器は坏身・蓋、高坏、壺、瓶などである。この地域の須恵器の時期を須恵器窯からみてみたい。

1　須恵器窯

この地方での六・七世紀の須恵器編年は、古くは須恵器窯を中心に行われ、近年では官衙遺跡からの出土遺物を合わせて検討した編年案も示されている。ここでは基礎となる須恵器窯を紹介したい。

備中南部では須恵器窯のいくつかのグループが古くから知られていた。最大のものは玉島陶古窯址群で、寒田窯跡群・陶神社北窯跡群・陶南窯跡群・奥池南窯跡・黒土窯跡群など二五基が確認されている。これらの窯のうち発掘調査された寒田四・五号窯跡では、七世紀初めから前半にかけて少なくとも三回の操業が確認されている。

近接する地域では、金光町上竹で山陽自動車道建設にともない調査された遺跡から須恵器窯が発見され、先の寒田窯跡につづく七世紀中葉から後半の時期の操業と考えられている。

また、一九七一（昭和四十六）年に山陽新幹線の建設にともない調査された二子御堂奥古窯址群は、五基からなる窯跡群である。操業は六世紀後半から八世紀前半までの期間であり、丸瓦では日畑廃寺・秦（原）廃寺などと同笵関係にあるなど、在地勢力との関係が深い窯跡である。

総社市宿では、四基からなる末ノ奥窯跡群が知られている。確認調査が行われた第四号窯の灰原からは、七世紀前半と七世紀末葉ないし八世紀初頭の須恵器が出土している。

この窯跡からは、二種類の軒丸瓦が出土している。

一つは角端点珠瓦で、周辺の遺跡では岡山市加茂政所・津寺、また中撫川などでも出土している。これらは、末ノ奥窯跡で焼成された製品が津寺・政所を経由して津港の性格をもつ撫川へ運ばれたことを示すと考えられている。この瓦は吉備の寺院では使用されておらず、畿内諸寺院で類似の瓦が使用されており、その所用寺院が蘇我本宗家または蘇我系氏族が関与していることから、この窯跡も蘇我氏の支配を受けていたと解される。

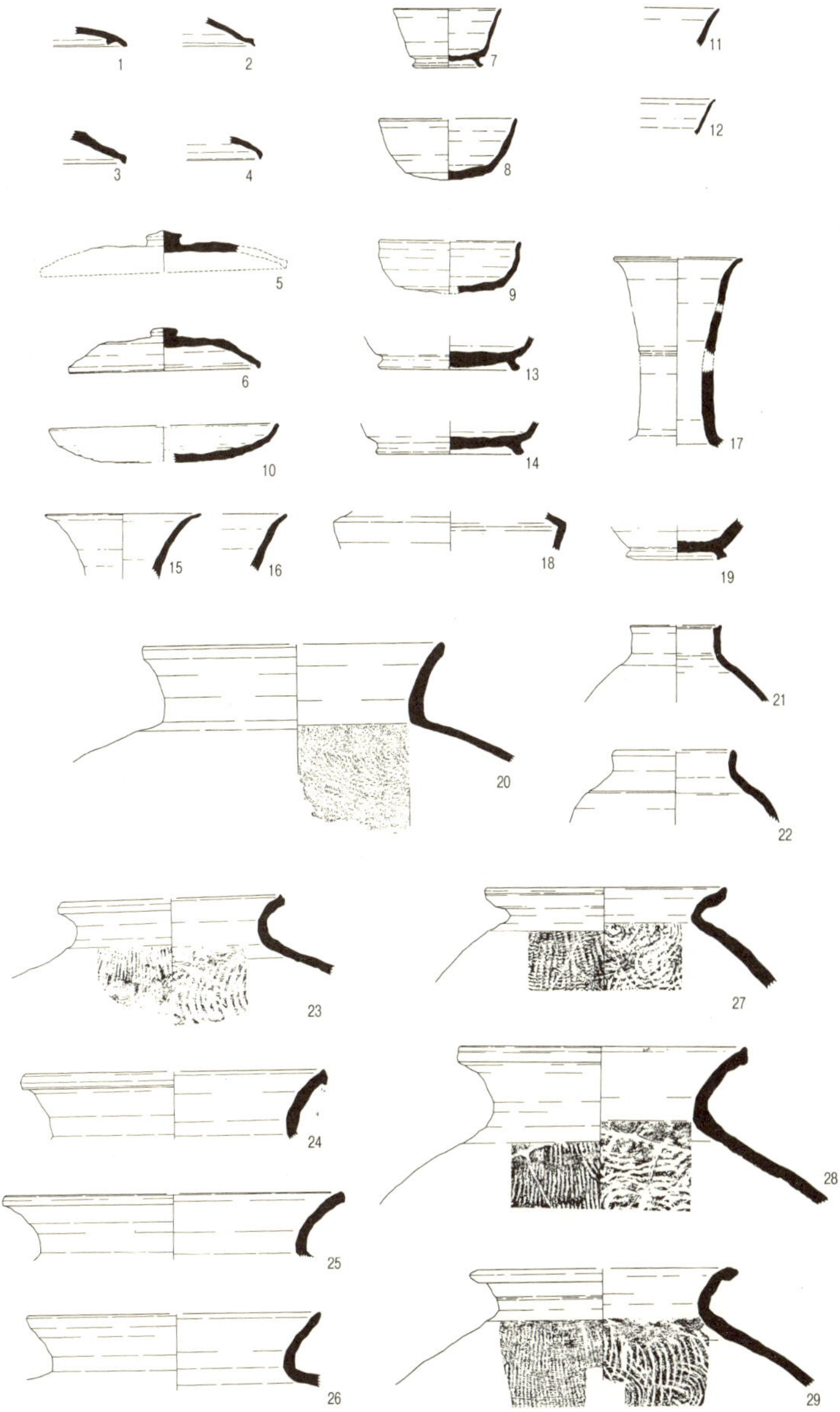

図69　確認調査の出土遺物(1)

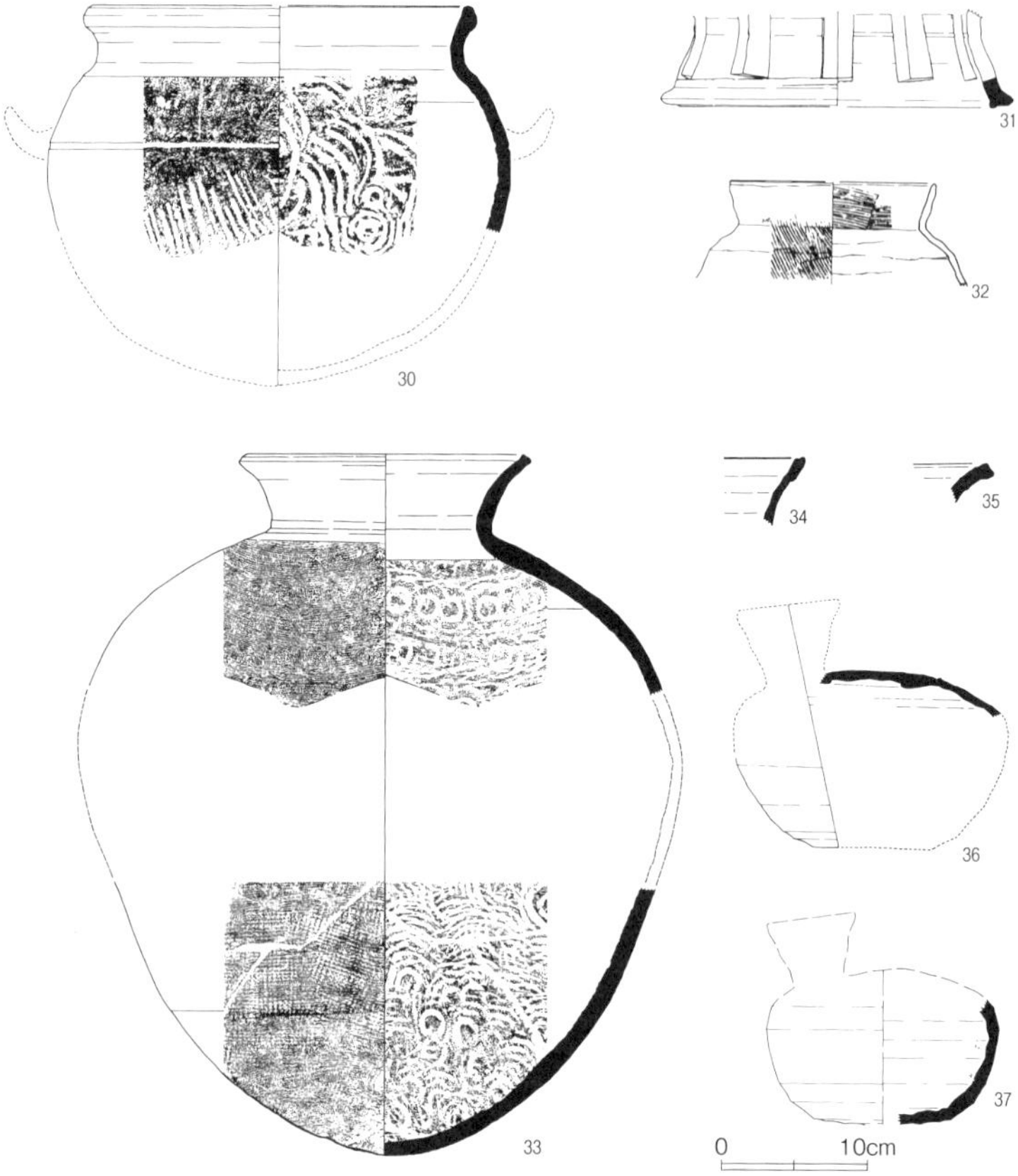

図70　確認調査の出土遺物(2)

もう一つは素弁八葉蓮華文軒丸瓦で、弁端がやや肉厚、小さく尖る。類似のものが畿内の豊浦寺・奥山久米寺から出土しており、この瓦もそうした寺院へ運ばれた可能性が指摘されている。

一九七〇（昭和四十五）年に採取された鬼板は飛鳥平吉遺跡例と同笵とされており、鬼板もまた末ノ奥窯跡で焼成され飛鳥へ運ばれたと考えられている。

末ノ奥窯跡群の南西約六〇〇《メートル》の道金山の南斜面にも窯跡が確認されている。この道金山窯跡は石田義人の踏査に

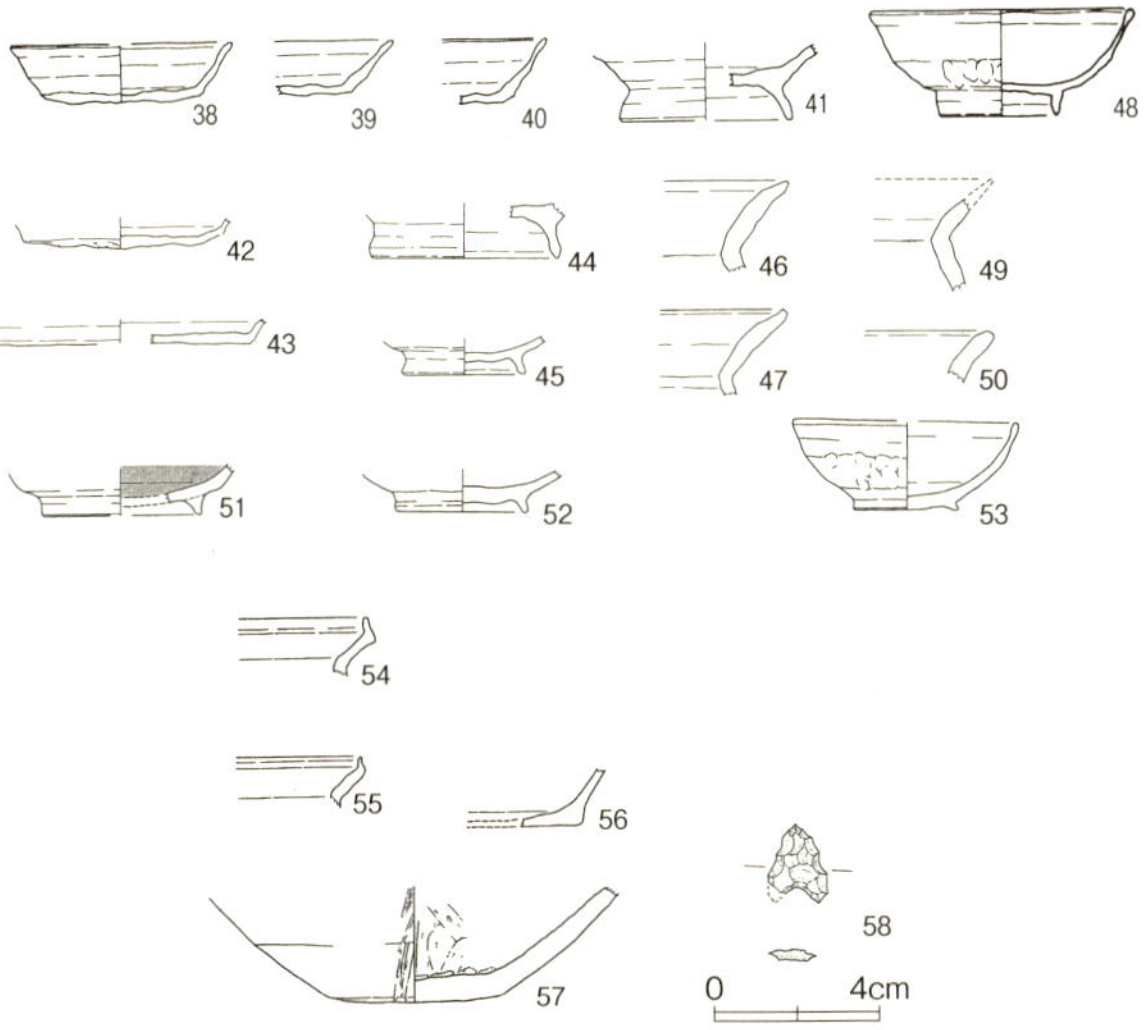

図71　確認調査の出土遺物(3)

より、切り土中に灰原を発見したことを契機とする。ここから採取された須恵器に、「官」の字を刻印したものが含まれていた。これは「官」字を彫り込んだものを、焼成前の土器に押したため字が逆に刻印されたものである。

この逆「官」を刻印した須恵器は現在までに、岡山県内で四遺跡で出土し、県外でも一遺跡から出土している。

一九九一（平成三）年に鬼ノ城の東側に位置する阿弥陀原を挟んだ丘陵地で、ゴルフ場の建設にともない調査されたのが、くもんめふ一・二号窯である。くもんめふ二号窯は七世紀初頭から第2四半期中頃に操業され、途中空白があり八世紀初頭にふたたび利用されている。くもんめふ一号窯は、八世紀前半の一回の操業といわれている。このため、くもんめふ窯跡では七世紀後半の時期の操業は認められていない。

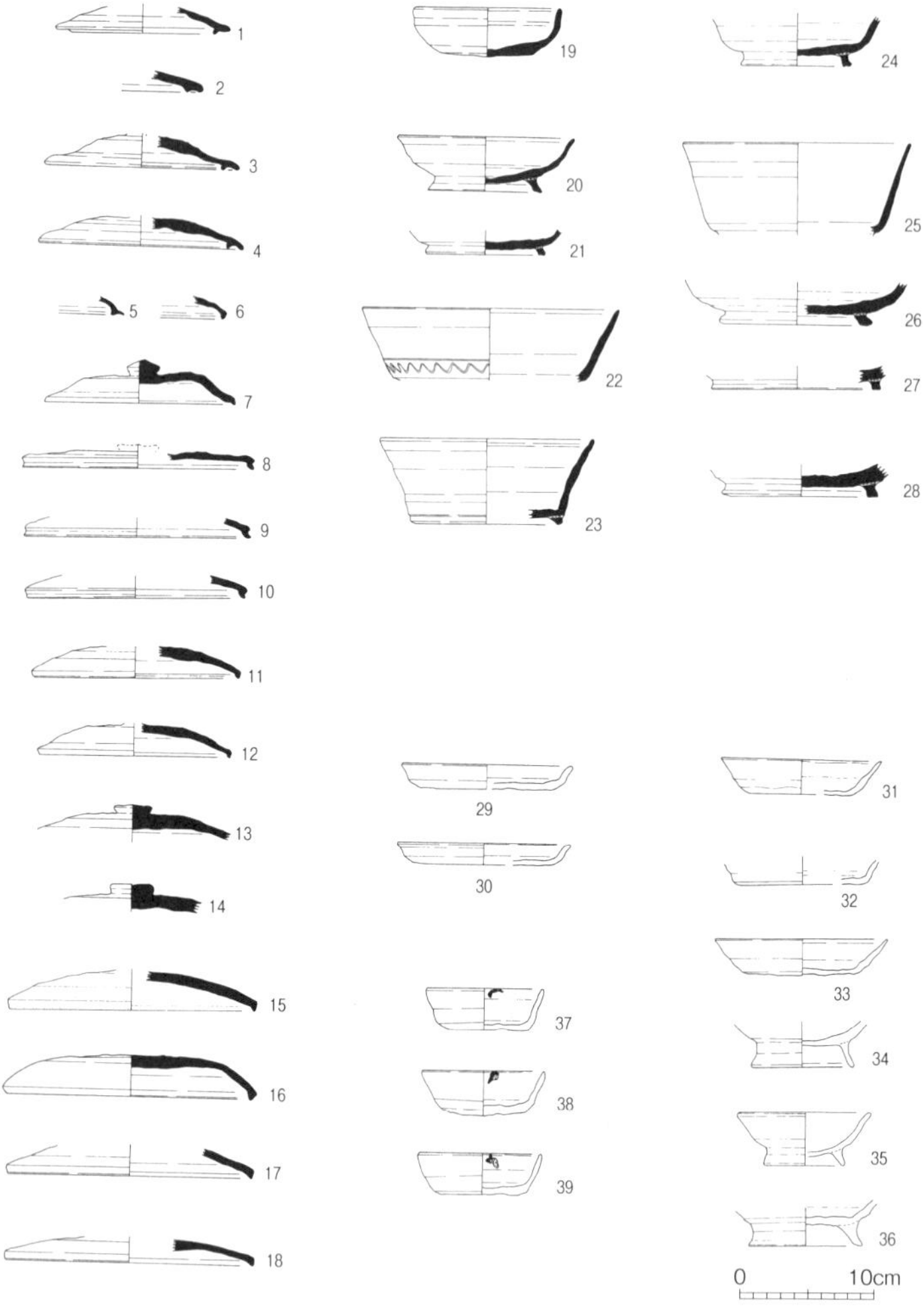

図72　1999年城内確認調査の出土遺物(1)

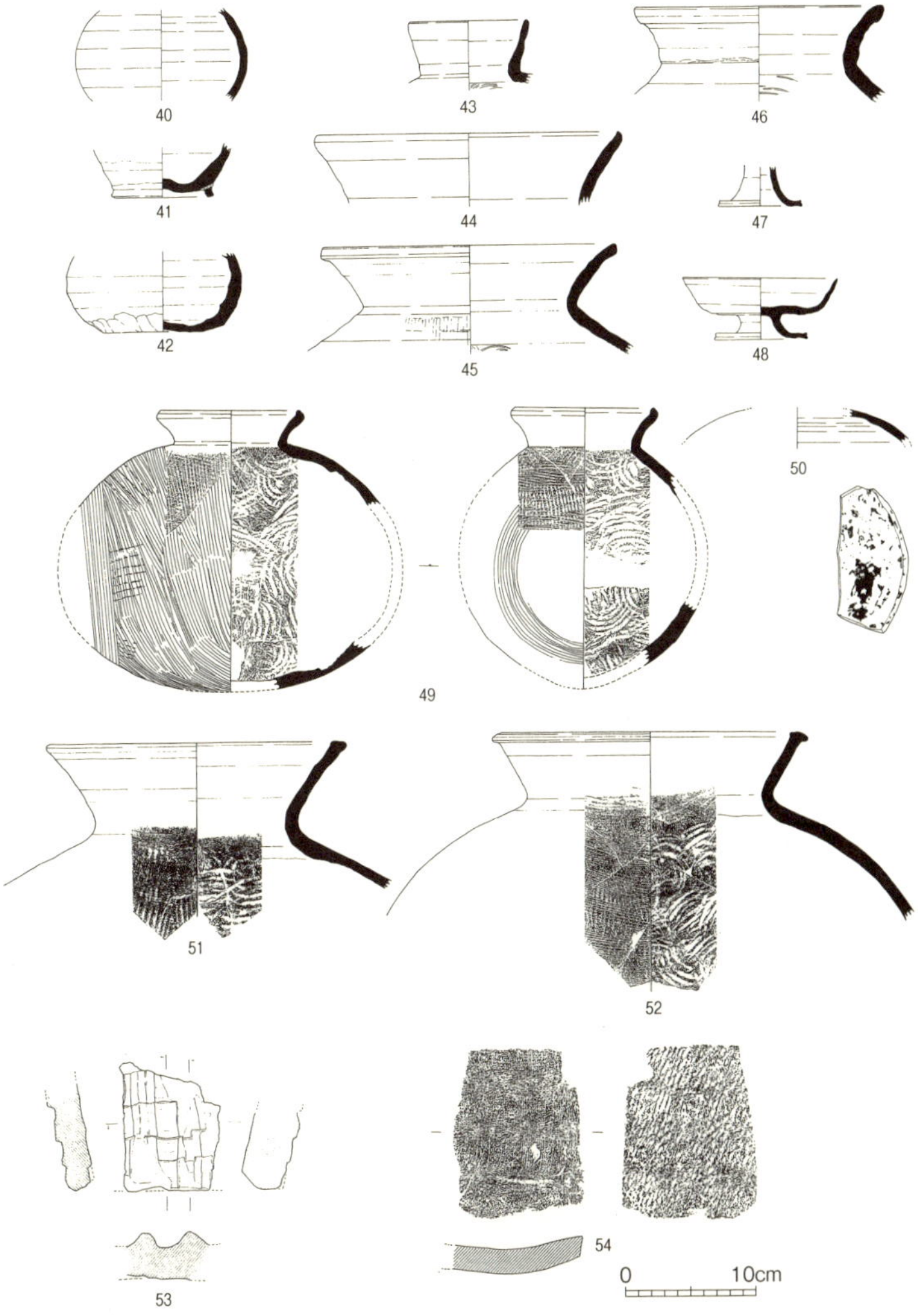

図73　1999年城内確認調査の出土遺物(2)

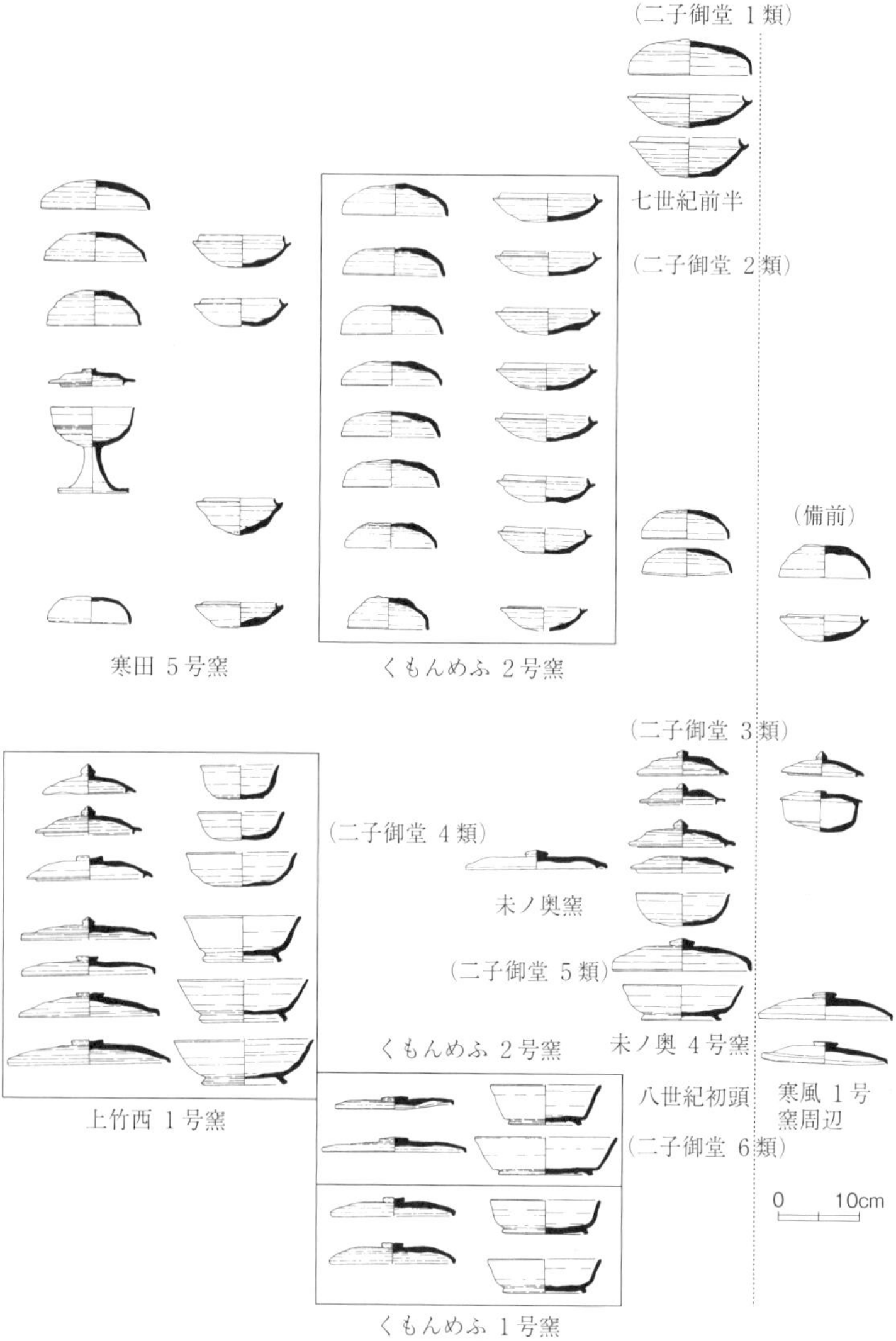

図74 備中南部窯出土遺物（坏・高坏）

図75 1999年以降城内確認調査時の出土遺物（著者撮影、岡山県教育委員会蔵）

これら調査された窯跡で、最も長く使用された二子御堂奥古窯址群の編年に従い坏の内容を記述すると、一類は後期古墳から通常出土する口径であり身に立ち上がりをもつ時期で六世紀第4四半期。二類は坏の口径が小さくなる時期で七世紀第1四半期。三類は、かえりが蓋坏に付き、乳首状のつまみが加わる時期で七世紀第2四半期。四類は想定で実際には出土していないが、蓋坏の口径が大きくなり、端部になおかえりの付く時期で七世紀第3四半期。五類は、蓋坏にあったかえりが消失し、つまみの形状が碁石状に変化するが、つまみの先端は尖形をとどめ、全体としてなお一定の高さを保つ時期で七世紀第4四半期。六類は、つまみが著しく扁平化する時期で八世紀第1四半期。このように、七世紀を中心に六世紀第4四半期から八世紀第1四半期までの六類の類型をあげている。

これを陶邑編年（陶邑窯跡群は大阪府南部で須恵器を初めて継続して生産した窯跡。窯跡の略称が型式名となっている）でみると、一類はTK二〇九、二・三類はTK二一七の古相と新相にあたる。TK二一七で宝珠つまみや坏Gの出現が認められる。四類はTK四八、五・六類はMT二一以降となる。

　総社市内の窯では、くもんめふ二号窯で四回の操業が想定されており、七世紀初頭から第2四半期中頃まで継続されたといわれている。先の二類になろうか。七世紀の前半において蓋坏の口径が一三センチ前後、一二センチ前後、一一・五センチと縮小している。最終段階のものはさらに一・五センチ小さく、坏Gが一点含まれる。寒風1―Ⅱ号窯では、二類の縮小した蓋坏と三類のつまみがつく蓋坏が同時に焼成されていたことがわかっている。

　鬼ノ城から出土した須恵器では少ないが、三類とした宝珠つまみがつく蓋坏が認められる（図69の5・6）。また南門から出土した蓋坏は天井部と口縁部の境が明瞭で、碁石状のつまみを有する（図72の7）。坏身の高台も位置が屈曲点より内側にあることと、「ハ」字状に外反する特徴から八世紀初頭と考えられる。末ノ奥第4号窯の新相にあたる。

　なお、南門の城内側の尾根からは円面硯が出土している（図70の31）。二〇〇六（平成十八）年の岡山県の調査においても城内から円面硯三個体が出土するなど、鬼ノ城内に城を管理する官人がいたことが推定される。

　鬼ノ城からの出土須恵器について時期的にまとめると、七世紀後半と考えられるものが若干と八世紀前半の時期のものが多く出土しているといえる。これらの須恵器は鬼城山が使用されていた時期を示し、朝鮮式山城が築城され、使用されてい

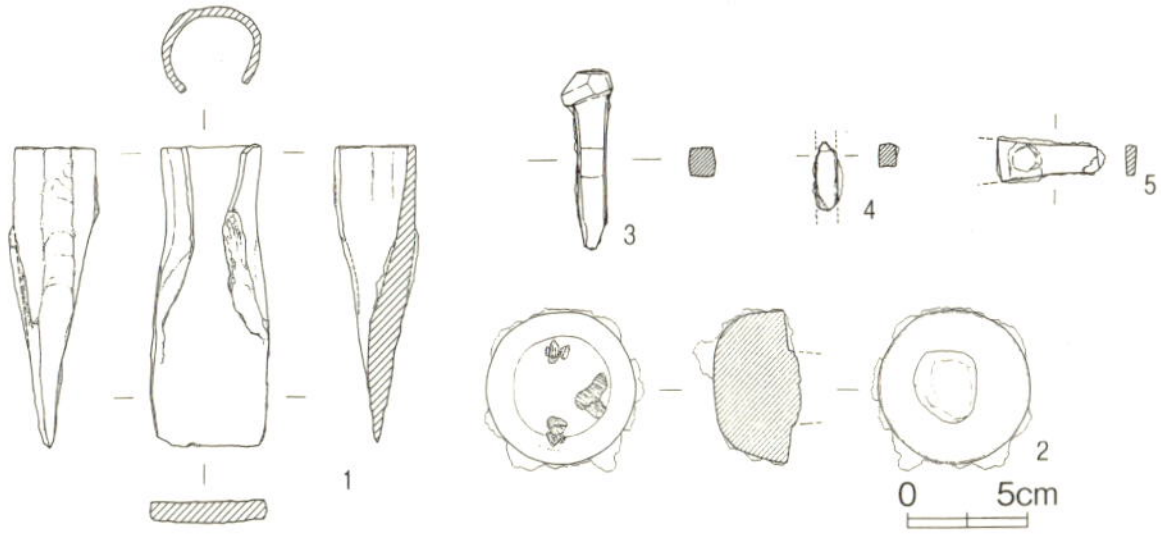

図76　鉄製品

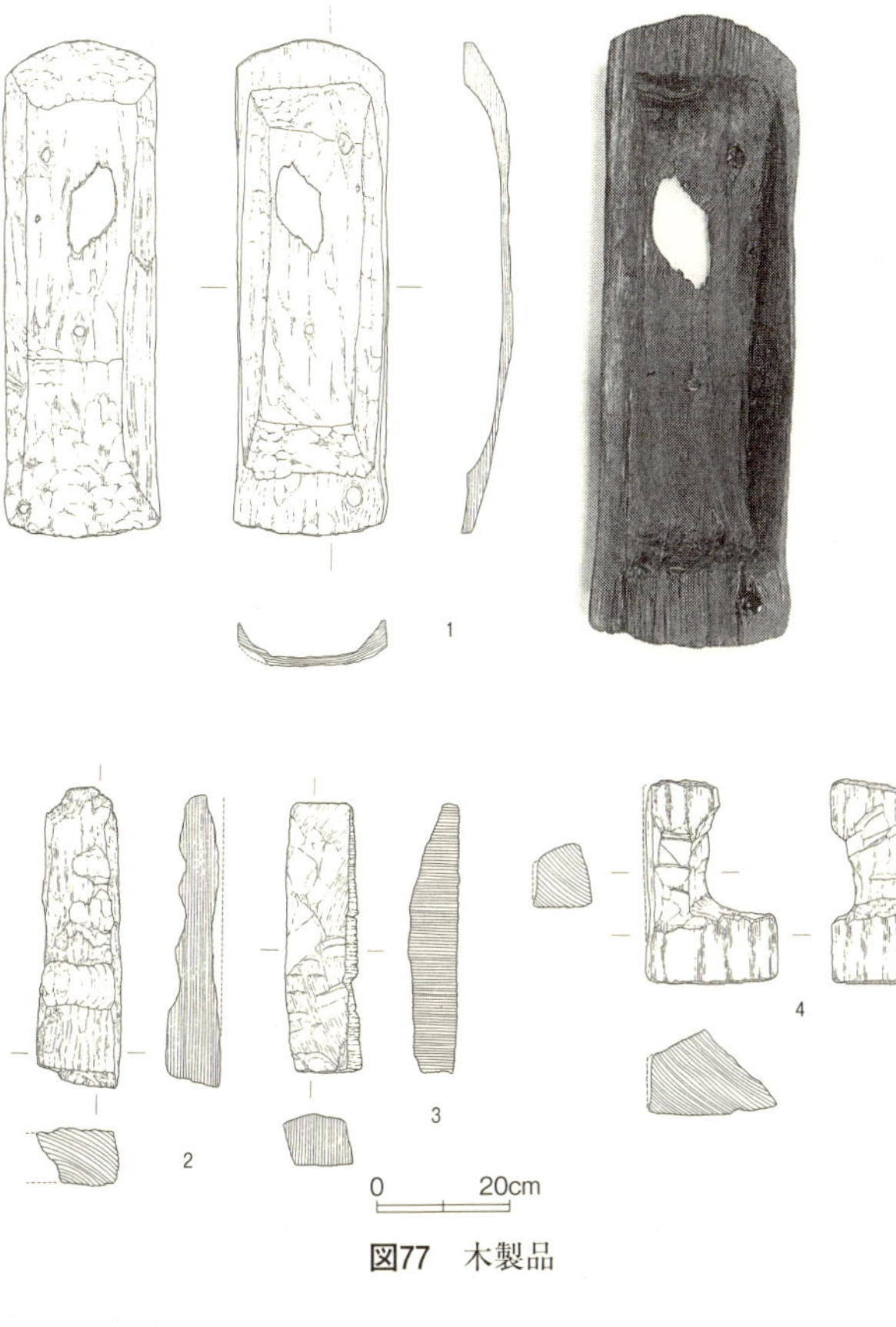

図77　木製品

た時期と同時期といえる。ただし、築城時期については、まだ慎重に検討していく必要がある。

2 鉄製品

鬼ノ城から出土した鉄製品は少ないが、第一、第二水門間に設定したトレンチから鉄斧（図76の1）が、角楼からは饅頭金物（図76の2）が出土している。鉄斧は木材を加工するチョウナの可能性もある。

3 木製品

木製品は第0水門下流の地山近くからまとまって出土した。多くは加工痕を残す角材である。図77の4は木材を運ぶための穴部分を切り落とした端材である。図77の1は盤で材質は檜である。これらは鬼ノ城存続期間中に出た廃材と考えられる。

出土した木材の放射性炭素による年代測定では、五世紀後半と七世紀後半の時期が出ているが、まだまだ資料が少なく、時期については今後の資料増加をまたなければならない。

また、出土炭化材を樹種同定したものでは、門跡からケヤキが認められている。

V　西日本の古代山城

1　朝鮮式山城築城の契機

一般にわが国で城というと、高石垣と堀に囲まれた姫路城などの近世城郭や、山頂に築かれた中世城郭を想像する人が多いと思う。一方、七世紀になって東北地方と北九州・瀬戸内海沿岸および畿内に築造された古代の山城は、あまり馴染みもなく、認知度は低いと言わざるをえない。

天智朝に築かれた西日本の古代の山城は「朝鮮式山城」といわれ、『日本書紀』や『続日本紀』に築城や修築、廃城の記事が出てくる。『日本書紀』は天武天皇の時代に編纂に着手され、養老四（七二〇）年に完成した史書である。「紀」は編年体のものをいい、漢文で書かれ、全三〇巻であることなどから中国の史書を意識したものと考えられている。成立時の書名は『続日本紀』の記述により『日本紀』であったとする考えもある。また巻別によって用語・用字法などに著しい相違がみられるといわれ、全体としての整理統一が図られておらず、およそ六群に分かれるともいわれている。こうした歴史書については潤色や後の時代の書き換えも指摘され、すべてを事実とすることはできないが、先学の研究によりに記述したい。

前章まで概説してきた鬼ノ城は、瀬戸内海沿いに築造された古代の山城のひとつであるが、先の「朝鮮式山城」と異なり記録がない。そうした記録のない山城がいつ築城されたのかを考えるために、少し長くなるが近隣諸国の歴史を簡単にまとめたい。

まず城が築かれた契機であるが、国同士や部族間の領土争いの軍事拠点として築かれたと考えられている。城は軍事拠点として戦闘をくり返し、くり返すことで発展してきた。わが国で戦闘が激化するのは戦国時代で、主要な城の歴史もそれ以降にある。

しかし、隣国の朝鮮半島では様子が大きく異なっていた。高句麗は三世紀頃に建国されたといわれている。それは、領土を大国である中国と接しているという地理的な要因から、国としての体制が早くから育成されたのであろう。領土を守り拡大する戦争がここでは激化する。

朝鮮半島での初期国家成立状況については、中国文献資料によらなければならない。三世紀の朝鮮半島の様子を『魏志』の記述から見ると、国の形態をとっていたのは扶余と高句麗のみで、半島南部の韓族社会は地域別の小国家の段階にあったといわれる。倭でも同様であった。倭は中国側からみて東夷に住む倭人の地域を現わしている。当時の日本列島には邪馬台国や末盧《まつろ》国、伊都《いと》国、奴《な》国、不弥《ふみ》国、投馬《つま》国、さらに南に狗奴《くな》国、狗邪韓国などのほかに小国が多く存在していた。

この頃、朝鮮半島北西部には楽浪・帯方郡が設置されていたが、三一三年に高句麗の美川王が楽浪郡を占拠、さらに翌年帯方郡に侵入した。このことが朝鮮半島における中国の直接支配の終わりといわれている。

四世紀後半の中国側の書物には、百済が東晋に、高句麗・新羅が前秦に朝貢した記述がある。中国の皇帝が周辺の国々の首長を王に冊封(任命)する外交関係が当時の国際秩序の基礎となっていた。朝鮮半島の国々はたがいに牽制しあい、中国に朝見し冊封を受けることで自国内での権威を保つことと、隣国からの侵略を抑制していた。

三七一年に高句麗王が百済を攻撃したが、逆に百済軍により殺害され、高句麗が一時弱まるが、三九一年に広開土王が高句麗王に即位するとふたたび南下し、百済を圧迫するようになる。

こうした両国の緊張関係から百済は、これまで深い関心を払わなかった倭と同盟することで高句麗に対抗しようとしたと考えられている。

日本の倭政権も三世紀以降、中国に使者を送り冊封体制のなかにいたと考えられるが、史書には詳しい記述はない。五世紀代では中国の『宋書』に倭の五王の記述があり、朝鮮半島との関係がうかがえる記述が認められる。

この時代の東アジアの国際関係を、中国南朝が授けた将軍号・官号の比較・追求から明らかにしようとする研究がある。それによると、南宋の国際秩序体系では、倭は高句麗・百済より低い位置にあり、こうしたことが中国の冊封を従前のとおり受けつづける姿勢に変化をもたらした要因と考えられている。そしてふたたび中国の史書から倭の記述が消えるのである。

四七五年、高句麗の長寿王がみずから三万の兵を率い百済の漢城を攻撃し、百済王が捕われ百済は滅びる。しかし、落ち延びた木劦満致《もくきょうまんち》など百済に好意をもつものたちが百済王の遺児文周を擁立して第二の百済を建て、都を熊津においた。この時期は新羅との関係が緊密となり、共同して高

図78 三年山城の水門城壁（上）・城壁（中）・門礎（下）

句麗に対抗した。また、南方の韓族諸小国と連携をとりながら、領土を拡充し、馬韓の大半を制圧した。新羅と倭との国交もこの時期に始まったと考えられる。図78の三年山城はこの頃に築かれた新羅の山城である。

近年、全羅南道地域（韓国南西部）で五世紀後半から六世紀にかけての前方後円墳が発見されており、倭と深いかかわりがあったことが明らかになった。

六世紀初頭には、百済が伽耶（任那）諸国を直接あるいは間接的に支配をしはじめていた。『日本書紀』の記載では倭もこれを認めている。六世紀になると倭が朝鮮半島で活動した様子はない。この時期は現在の学説では五世紀末、六世紀初頭までの河内王朝から継体・欽明王朝への転換期にあたり、それまでの倭連合が解体したとみる考えもある。

五三二年、金海の金官伽耶が新羅に服属した。五五一年には百済は新羅・加羅諸国と連合して高句麗を攻め、旧王都漢城を獲得している。しかし、翌年新羅は高句麗と連合し、百済がいったん回復していた漢江下流域を五五三年に奪った。

こうした複雑な情勢からか、百済の聖王は倭に対し儒教・仏教の新文物を与え、換わりに援軍を要請したが、期待するほどの派兵はなかった。

五五四年、反百済の立場を明らかにした新羅との函山城の戦いでは、伽耶の諸国が大伽耶を中心に百済と同盟を結んでいたが、新羅軍に聖王は攻め殺された。五六二年には新羅は伽耶国の反乱をおさえ、伽耶地方の諸小国を完全に支配下に治めた。古い時期に半島南に影響力をもっていた倭は、それらの小国群が新羅に組み込まれると、新羅にそれまでそれらの国々が納めていた調を納めるように要求している。この調が実現するのは、新羅が高句麗による攻撃を再三受けた後の六一〇年になってからである。すなわち、こうした調をとりたてることができたのは、朝鮮半島内部での国家間の抗争が大きな要因のひとつであったのである。六世紀は、朝鮮半島内の国にとって激動の時代であった。図79の扶蘇山城（泗沘城）はこの頃の百済の都である。

中国では、五八九年に隋が南方の陳を滅ぼし大帝国を建国した。五九八年に隋は高句麗遠征を行うが失敗し、これが遠因となって六一八年に滅亡する。

七世紀になると倭は中国に朝貢するが冊封は受

図79　扶蘇山城土塁

けないという態度をとっている。これを中国側が黙認しているのは、両国の間に高句麗があり、倭がそれより遠く離れていることが理由としてあったと考えられる。

隋の次に中国を統一した唐帝国は、六四五年、宿敵であった高句麗に対し第一次遠征を行った。このことが百済の外交にふたたび倭との連合を指向させる要因となる。倭が七世紀にあって、隋、唐に調交しながら冊封を受けないという態度をとっていたことは、倭が自らも小ながらも帝国となろうとしていたからだと考えられている。したがって半島南部の国を冊封することは必要条件でもあった。このため、百済から援軍要請があれば、積極的ではないにしても兵や武器を供与する必要があった。

広い意味でこの時代は、それぞれの地域にあった小諸国が大きなまとまりをもって国を形成していく過渡期であり、現在につながる国の誕生時期ともいえる。倭も律令を学び国家間外交である遣唐使の派遣も行っている。七世紀後半には王朝名を日本としたと考えられている。そのころ東北には蝦夷がおり、その地の管理・軍事拠点として城柵が七世紀後半から数百年間経営されている。当時の日本列島は、北東の文化、西日本の文化、南方の島々の文化という三つの文化が存在していたともいわれており、この三文化圏は江戸時代までつづき、一つの国になるのは明治を待たねばならない。

図80　6世紀頃の朝鮮半島

本書であつかう西日本の古代山城に関して資料が少ないのは、敵と直接に対峙し、また管理すべき領土が眼前にある東北と、朝鮮半島のように海を隔てているという地理的な要因の差が大であると考える。倭政権には半島の国々のような国際感覚はなかったのであろう。

五、六世紀においても百済を支援すべく千人規模の兵を送っていたと考えられるが、百済・新羅は中国に近づくことで高句麗を牽制しており、倭の影響力はしだいに弱くなった。百済ではもともと倭も中国から同じ冊封を受けた国であると考えていたが、倭に対しても朝貢していた。これは、周辺に外敵をもつ小国の外交手段であったといえる。

その頃、新羅は劣勢となり、六四七年に新羅の王族である金春秋が質として倭国へやってきているが、倭国の支援がのぞめないため、翌年唐へ行っている。この金春秋が六五四年に新羅王（武烈王）に即位した。その翌年、百済が高句麗らと新羅北部を攻撃して多くの城を陥落させる。新羅は唐に援軍を求めているが、唐は高句麗に派兵し百済を牽制することに徹していた。このためその後も新羅に対し百済の進攻は止まなかった。

こうした国際状況のなか、六五九年、唐に派遣されていた遣唐使が監禁され抑留された。これは倭に百済攻撃の情報が漏れないようにするためと考えられている。六六〇年三月、百済が唐・新羅の連合軍により攻撃された。唐軍は蘇定方が率いる一三万の兵で直接王都を攻撃するため海から錦江を目指した。新羅軍は五万の兵で陸路を進攻した。そして七月十八日、百済の義慈王とその太子隆が降伏し百済が滅亡する。このことは倭が小帝国を目指す以上、見過ごせない一大事であったことは間違いない。

百済復興支援軍を送ることを決めた倭は、斉明が自ら西国へ赴き、豪族から兵士動員と戦時体制を進めながら九州まで行っている。この行程をみると、まず六六一年正月、中大兄皇子とともに筑紫へ向かった。船団は瀬戸内海の北岸を進み正月八日に吉備大伯海に到着、ここからは四国の北岸を進み十四日に伊予国の熟田津の石湯行宮に停泊。そして三月二十五日、那大津に到着する。この行程からうかがえることは、この時期の政権では各地から兵を集めることが容易ではなかったということである。五月九日には磐瀬行宮から朝倉橘広庭宮に遷ったが、七月二十四日に斉明が朝倉宮で亡くなっている。高齢の斉明がみずから陣頭に立った理由として、このときの百済復興戦を中大兄皇子への譲位の契機としようとしたのではないかとの考えがある。

同じ年に新羅においても武烈王になっていた金春秋が波乱の生涯を終えている。

六六二年五月、倭は五〇〇〇の兵とともに百済の王子である豊璋を百済へ送った。豊璋が倭にきておよそ二〇年が過ぎていた。六六三年二月、新羅は百済に残っていた城を次々と落とし、旧都泗沘城の東に近づいていた。これに対し倭は六六三年三月に二万七〇〇〇の兵を新羅へ派兵し、城をいくつか奪回している。しかし、本国に帰還した豊璋と百済復興軍の要である鬼室福信との関係が悪化し、福信は殺害される。また倭からの援軍として豊璋とともにいた狭井槟榔と秦田来津とも意見が対立し、百済・倭連合軍の結束に綻びが見えていた。唐・新羅軍は百済復興軍の拠点周留城を包囲し、唐の水軍も周留城を目指した。この周留城の場所については諸説あるが、錦江下流の北岸の丘陵ともいわれている。

唐水軍は一七〇艘の船団をならべ河口を封鎖

し、倭水軍を待ち構えていた。この場所は白村江といわれている。この唐水軍には捕虜になっていた百済の王子扶余隆もいた。これは百済の抵抗を緩和し支配を円滑に進めるためと思われる。これに対した倭軍の規模については詳しい記録はないが、『旧唐書』には「倭国水軍の船四百艘を焼き払った」とある。

　この戦いは八月二十七・二十八の二日間つづき、倭・百済軍は大敗を喫し、多くの兵と軍船を失った。九月七日には周留城が降伏し、この後、百済の遺臣と遺民が倭へ亡命してくる。なお、広島県三次市三谷寺には、この戦いで生き残り、帰還した豪族があったという伝承がある。

　翌年の六六四年には、対馬嶋・壱岐嶋・筑紫国に防人と烽を置いている。また、筑紫に大堤（水城）を築いた。この年、唐の百済鎮将劉仁願は郭務悰を派遣してきたが入京は許されなかった。また、首都と旧都が陥落したときに捕虜としていた扶余隆を熊津都尉としている。六六五年には、答《とう》炑春初《ほんしゅんそ》を遣わして長門国に城を築かせ、憶礼福《おくらいふく》留《る》・四比福夫《しひふくふ》を筑紫国へ遣わして大野・椽の二城を築かせた。この二城の城内には多くの礎石建物が配置されており、軍備の食料・武器を貯蔵する役割があったと想像できる。この年には劉徳高と郭務悰が筑紫に到着し、入京を果たした。一方、百済の扶余隆は劉仁願により新羅王法敏と和平の盟約をむすんだ。この時期、唐は高句麗の根強い抵抗を考慮して、新羅・倭を取り込むことで高句麗の孤立化を図ろうとしていた。

　なお、図81の香川県屋島（屋嶋城）なども、白村江の戦い敗戦後に築かれた山城とされている。

　西日本にある古代山城の築城の契機が、こうした国際緊張のなかにあることは疑いないであろう。しかし、対峙する敵は海の向こうであり、直接国内での交戦はなく、防衛の準備は必要だが百済ほどの危機感は倭側にはなかった可能性が高い。この時点では唐としては百済の都を陥落しただけで、周辺にはいまだ多くの城と抵抗勢力が百済内外に残されていた。また最強の敵は高句麗であり、倭まで遠征する余裕はなかった。

図81　屋島

しかし、六六六年に高句麗の蓋蘇文が病死し、内部分裂が起きた。唐はこの機を逃さず高句麗遠征を開始する。唐は六六八年に新羅に援軍を要請し、大軍で高句麗を滅亡させた。このとき、倭には高句麗から援軍を求める使者がきたが、派兵はしなかった。中大兄皇子が天智天皇に即位したのもこの年で、前後の六六七、六六九年には遣唐使を派遣している。こうした状況をみると、倭の山城築城は唐に対する警戒であり、かつ国内事情を反映したものではなかったのかと思われる。つまり政権に対する敗戦の責任追求が大きくならないように、軍事的緊張をつづけ、国内の分裂をさけつつ、現政権による対外関係の立て直しを図るためのものであった。六六九年に高安城を築いたとされる。

高句麗の滅亡においても百済と同じで、唐により都は落とされたが地方豪族や民衆など在地勢力は残されており、これらは唐の支配を認めず、六七〇年に戦いをはじめる。この高句麗遺民の抵抗は新羅や旧百済に大きな影響を与えた。

六七一年には、新羅は唐が占拠していた百済の旧都、泗沘城を奪い取っている。また、高句麗の遺民を援助するための兵を送った。同年唐は四七隻の大船団を倭に送っているが、この使節で唐軍を支援するよう要請したと推定される。なおこの船団には、半島内で捕虜となっていた倭兵約一四〇〇人が乗っていたといわれる。

少し国内の状況をみると、倭政権は敗戦にともない出てきた課題について、中国の律令法を手本に解決しようとしている。一つは官僚機構の強化といわれている。これは畿内の大豪族を自らの秩序のなかに編成するのではなく、中下級の豪族を官人として編成し、権力機構の強化を図ろうとしたものである。もう一つは旧来の共同体的な在地でのむすびつきを紐帯とする集団から、直接支配する民衆の範囲の拡大であった。それは次の段階として民衆を直接戸籍に登載し公民として設定することであった。

翌六七二年の七月には壬申の乱が起き大海人皇子が天武天皇になった。

六七三年には高句麗遺民の反乱が平定され、さらに翌年唐は新羅征討を開始したが、成功しなかった。新羅は六七五年までに旧百済の領域を手に入れている。

唐と新羅との関係は悪化していたが遣使入貢して謝罪し、ふたたび両者のあいだに冊封体制が樹立された。こうして唐による朝鮮半島直接支配の構想は挫折する。

こうした半島内の動きから倭側の臨戦体制はしだいに薄れ、七〇〇年を最後に大宰・総領の官職が消え、七〇一年には高安城を廃している。七〇〇年から七〇一年頃に対唐・新羅用の山城の歴史は、大野城築城からわずか三六年で閉じられることとなったのである。この大宰・総領の官職についてはさまざまな見解があり判然としないが、大宰が置かれたのは多くが天智朝以降に属し、吉備と筑紫に限られるので軍事的な役割をもつ官職ともいわれている。

また、実際には朝鮮半島での拠点も影響力も衰退するなかで、日本はその影響力を回復することに固執することとなる。これはわが国の場合、執政者が替わっても王朝が変わることなく残存したことと関係があると考えられる。

2　朝鮮式山城と神籠石

前述の城は、『日本書紀』により百済からの亡命貴族である憶礼福留・四比福夫の指揮・監督のもと築城されたことが明らかになっているため、「朝鮮式山城」とよばれている。

一方、一八九八（明治三十一）年に福岡県久留米市の高良山において、神籠石という山腹に切石を並べた構造物があることを小林庄次郎が学会で発表した。これについて小林は、「此の石はある霊地として神聖に保たれし地を区別せしなるべし」と霊域説を述べた。この切石は方形で、長さが約一《メートル》、高さも七〇《センチ》以上あり、この石材を列石として二・八《キロ》も並べた塁状遺構である。高良大社内にあることや神籠石という名称に影響されて、霊地の境界説を出したといわれている。その後の調査により、福岡県みやま市瀬高町の女山、福岡県前原市前原町の雷山、福岡県飯塚市頴田町の鹿毛馬など類似遺跡が増加した。

一九〇〇（明治三十三）年には、八木奘三郎が「城郭を除きては他に此類の大工事なかるべしと考ふ」と山城説を学会に報告した。これに対し、喜田貞吉は一九〇二（明治三十五）年に、切石の高さでは防御の役にたたないこと、大工事で宗教的施設以外に考えられないとして「霊地として、

図82　石城山の列石（山口県）

他と之を境したりしものなりと解釈」とした。こうして「神籠石論争」が開始されることとなる。

一九〇八（明治四十一）年には山口県の石城山で列石が発見された（図82）。明治末年頃には関野貞が九州の神籠石も朝鮮古代の城と同種の山城であることを主張した。

一九四三（昭和十八）、一九四四（同十九）年には、森貞次郎が鹿毛馬神籠石で初めて列石以外の遺構を発掘調査した。森は神籠石を六世紀前半代の磐井の築いたものとし、山口県の石城山は同じ神籠石でも大和側が築いたものと考え、坪井清足もこの説に賛同した説を述べた。

一九六三（昭和三十八）年のおつぼ山神籠石の発掘調査により、列石が土塁の基礎であることや列石前面に三《メートル》間隔で並ぶ柱穴が発見された。その後、石城山、帯隈山、女山でも土塁や列石前面の柱穴が発見され、山城であることが明確になった。

おつぼ山の調査で鏡山猛は、柱穴の間隔や土塁・水門の幅から唐尺の使用を考え、大化以降の七世紀中頃の築城と考えた。この神籠石については先の『日本書紀』などの官選史書に記載がないため、築城等に関してはいくつかの説があり、決着していない。

また、昭和四十年代に入って瀬戸内の山城の存在が明らかになり、また岡山県以東にはないと考えられていた山城が兵庫県龍野市で発見された。

葛原克人は、城郭線基部の列石が切石仕上げでその外面を露出させたままの北九州の神籠石を「神籠石型山城」とし、列石に平滑さを欠いた荒い割石を用い、横に寝かせて敷き並べ、前面も上面も土で覆われる瀬戸内の神籠石を「神籠石系山城」と規定した。

3　瀬戸内の城と九州の城

現在明らかになっているこれら西日本の古代山城は、「朝鮮式山城」と「神籠石山城」に大別でき、さらに「神籠石山城」は「瀬戸内型」と「九州型」の城に大別できるが、築城の契機や立地、城壁構築方法など、どこに着眼するかでいくつかの分類がある。主要な大別を表3に示した。ここでは、分類表の神龍石に準じて解説していく。

調査により出土する土器を見ると、神籠石においても七世紀後半のものが認められ、築城時期は別として、この時期に機能していたことは明らかになりつつある。また、調査の進み方も遺跡ごとに差が大きく現状で比較するには情報が少ない。したがってここでは、これら西日本の古代山城が同時期に存在していたことを前提に概要を記すこ

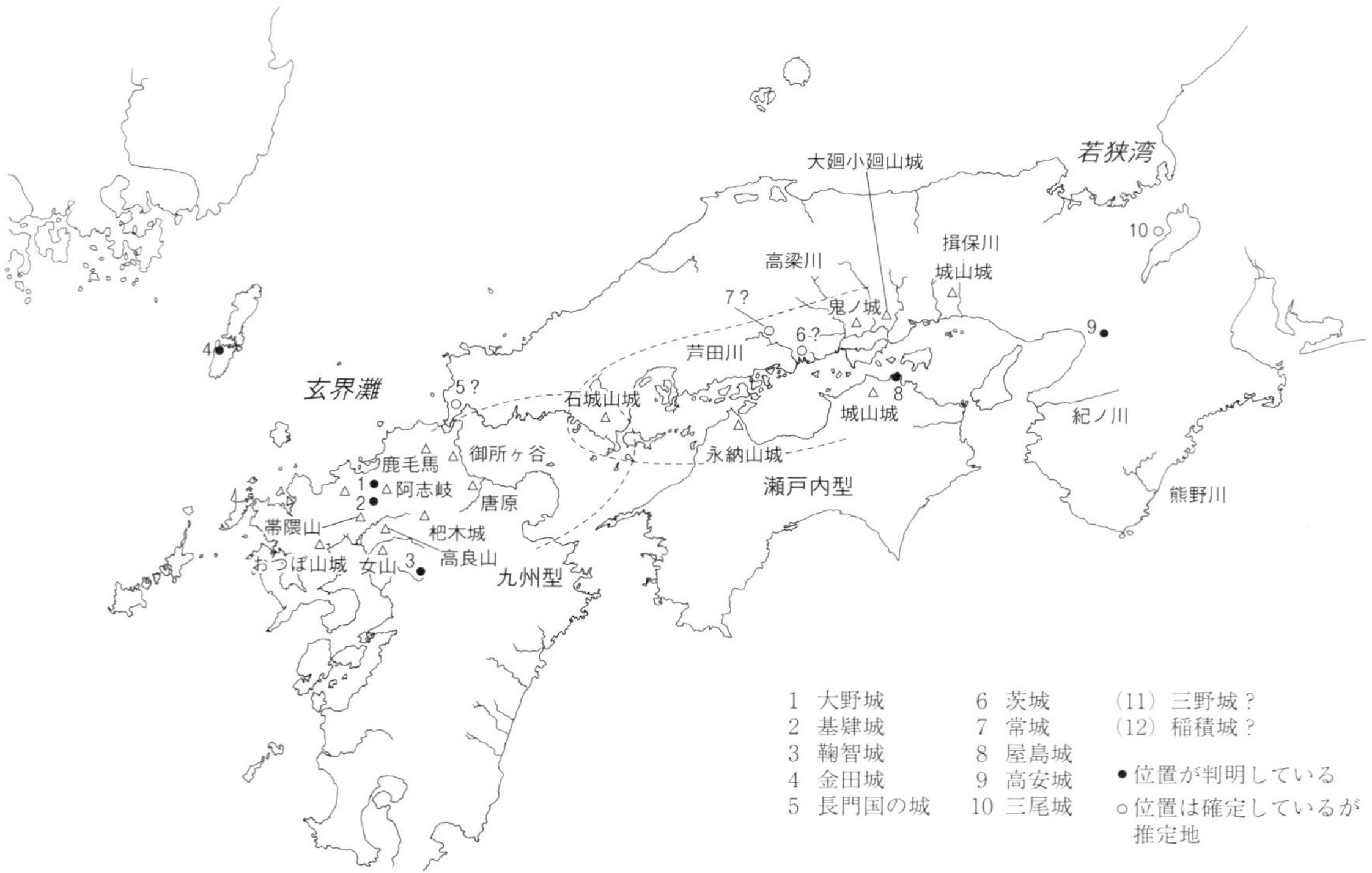

図83 西日本古代山城分布図（北九州の詳細図は図87参照）

表3　西日本の古代山城の分類表

朝鮮の山城	神籠石	神籠石の列石	機能の違い	山岳の利用形態
包谷式 谷を取り込む	**九州型** 山頂から平に斜めに構築	**神籠石型山城** 北九州の切石状、露出	**緩山型** 守りに弱く攻撃に適する	**栲栳峰型**
鉢巻式 頂上部だけを取り込む	**瀬戸内型** 山頂を鉢巻状にとりまく	**神籠石系山城** 瀬戸内、割り石を横向き	**剣山型** 比高が大きく籠城に適する	**蒜峰型** 周囲が絶壁で頂が平らか

とする。

まず九州の古代山城をみていくと、先の「朝鮮式山城」と「神籠石山城」が存在する。この両者の違いはどこにあるのであろうか。

九州の神籠石の特徴は、列石が大きく切石を使用すること、そしてこの列石が山裾まで下ることである。また、城壁が未完の山城もあったようである。

瀬戸内の神籠石は、光市にある石城山神籠石を除いて列石に使用する石が小振りであり、切石のような加工は認められない。

朝鮮式山城で調査が進んでいる大野城をみてみよう。この山城が築かれた山は、奈良時代に四天王を祀った四王寺が建てられ四王寺山ともよばれる。

約六・五キロの城塁線は大城山（四一〇メートル）の山頂を巡り山裾まで下がることはない。一見築城の考え方の差と見えなくもないが、築城に際し選地する地形に一定の条件のようなものがあったのかを考えてみたい。

そこで朝鮮式山城である大野城（図84）がどのような城であるのか、やや俯瞰で山容を見ると城の姿が見えてくる。それは地形、高峰が防御線に利用されているということである。高い峰がほぼ楕円形にめぐり、峰が切れる位置に百間石垣が構築されている。城内は高峰による城壁に囲まれているように見える。この視点で基肄城を見ると、やはり東の高峰を城壁にし、谷を挟んだ西の高峰

（城内）

（城壁）

（倉庫）

（門礎）

図84　大野城（福岡県）

をまわり谷部を塞ぐ形になっている。この二城を見ると、急峻な山の地形とその高峰を防御とし、内部に建物を配置する小尾根と水を確保するための谷部を抱えている。

同じように北九州地方の神籠石を見てみると、高山ではないが急峻な高峰を背後に背負い防御とし、大きな尾根を両翼の防御線とし、谷部を塞ぐ形をとっている。やはり自然の地形を巧みに取り込んで防御線としている。このようにみると、この二者の違いは山の高さにともなうものではないだろうか。自然の地形を防御線とすることでは同じ考えによるものと思われる。

一方、対馬に築かれた金田城ではどうか。この城は日本で唯一の石築城で、鬼ノ城の門道と同じく石敷が発見されている。また角楼と同種と考えられる張出し部が二カ所ある。金田城は下島の北端に位置し、浅茅湾を見下ろす通称城山に築かれている。城郭線は城山の高峰から尾根つたいに海岸線の低い崖上に下る。海側の谷部には「木戸」とよばれる城門が確認されていたが、近年南側にも城門が発見された。門礎には円柱座がつくり出され中央にホゾ穴を穿っている。ここでも自然地形を巧みに取り込んで要塞としている。平面図だけくらべれば神籠石との差は大きくない。

屋島のように山頂が平らな山では高峰を防御線にできないため、周囲の急峻な斜面を防御とし斜面が緩斜面に変わるところに城壁を築いている。

4　鬼ノ城と瀬戸内の城

瀬戸内の古代山城で、記紀に記載があり所在が確認されているのは屋島（記紀には「屋嶋城」と記載）のみであり、既知の他の山城は神籠石山城である。瀬戸内の山城では共通して方形くり込みをもつ門礎が発見されている（図85）。例外として岡山県大廻小廻山と愛媛県永納山ではまだ発見されていない。一方、近年の九州を襲った長雨による大野城の災害地から新たに北門が見つかり、門礎に門扉金具が発見された。国内では初めての例である。この門礎は円形の刳り込みがあり、鬼ノ城の東門の門礎と類似しているが、蹴放しは認められない。

（一）吉備のもう一つの古代山城

岡山県内にはもう一つの古代山城がある。それは岡山市草ヶ部にある「大廻小廻山城」である。この地には平安時代後期以降に山上寺院が創られ、その範囲が古代山城の土塁の内であったことが江戸時代から伝わる絵図からわかるとされる。この絵図では、谷筋にある石塁に「一ノ木戸」から「三ノ木戸」までの名称が記されている。昭和十年代にはすでに古代山城との見解が示されたが、しばらく忘れられていた。戦後の農地開拓を経て、新たな開発の危機から遺跡を保護するため岡山市教育委員会による確認調査が実施されている。調査は一九八四（昭和五十九）年から一九八九（昭和六十四）年までに五回行われた。

周辺の遺跡

この遺跡の周辺では、とくに北側に著名な遺跡が集中している。北方約二キロには岡山県下第三位の大前方後円墳である両宮山古墳が五世紀後半には築かれ、近接して奈良時代には備前の国分僧寺・尼寺が建立されている。さらに北へ行けば、山陽団地造成工事にと

図85　石城山（山口県）の城門（上）と門礎（中）および城山城（兵庫県）の門礎（下）

もない明らかになった遺跡が多数集中して存在する。また南東には全長一三六メートルの前方後円墳である浦間茶臼山古墳がある。この古墳の東には岡山県の三大河川である吉井川があり瀬戸内海へとつづく。

規模と構造

大廻小廻山城の最高地点は小廻山の標高一九八・八メートルで、南西方向に尾根がつづく。また、小さい谷を挟んで北には大廻山があり、ここから西方向へ延びる尾根が北部を塞ぎ、先の小廻山から西方に延びた尾根が南部を塞ぎ、この両尾根内が起伏をもつ城域となる。小廻山の南東は急斜面となる。「木戸」は西方に延びる両尾根の間にできた谷部を塞ぐ形で二カ所ある。もう一カ所は小廻山の尾根筋と西に派生する尾根との間にできた谷部にあり、三カ所中最も高所にある。

小廻山を基点として北西と南西に翼を広げた形に尾根を伸ばし、その上に城壁を巡らしている。総延長は三・一九二キロあり、城内は三八・六ヘクタールとなり、鬼ノ城より規模が大きくなる。城壁は土塁が主であり、谷部に石塁が認められる。基本的な城壁の築き方は、斜面部を加工し外側に列石を配し、その上に内托版築を築いており、これは鬼ノ城と同様である。大きく違うのはその土塁の高さと城内部分である。鬼ノ城の城壁の高さが約六メートルと考えられるのに対し、大廻小廻山城は階段状となり一段の高さが約一・五〜三・〇メートルで大部分は二メートル数十センチと低い。また城壁内部の柱列もないようである。

階段状城壁の基本は二段のようだが、三段以上のところもあり、二段以上は地山を平坦に加工したものである。こうした複雑な城壁であるため城壁幅を示すのは困難であるが、「木戸」とよばれる水門部分でみると、「一の木戸」で六・二メートル、

「一の木戸」で六・四メートルである。別の視点で、上の段の平坦部にある素掘の溝から下段列石の想定位置までを測るとおよそ九メートルであり、これが城壁の幅とする考えもある。

また城門位置についても確定されていない。

時　期

大廻小廻山城の時期についてみてみると、ここでも七世紀後半から八世紀初めの須恵器が出土しており、この時期には使用されていたと考えられている。

(二) 位置と標高の違い

ここで吉備につくられた鬼城山と大廻小廻山の特徴を、周辺の古代寺院の配置から考えてみたい。古代寺院はその地域の豪族の氏寺と考えられることから、同時代に存在していた古代山城もその位置がどこにあるかは重要な要素になると思われる。鬼ノ城では図5のように、古代寺院の頂点に位置する場所に築城され、やや奥まった場所のようにも見える。一方、大廻小廻山ではこの山城を取り囲むような位置、言い換えれば中心に位置する。

この二つの山城の位置がまったく異なった考えでつくられていることは明らかである。屋島、金田は海に面し、近接した場所であり、石城山、永納山も海に近接している。本来瀬戸内の山城は、瀬戸内を進攻してくる軍船を見張り、威嚇する役目があったと考えられる。こうした意味では海に近接している方が効果がある。

鬼ノ城と大廻小廻山城とのもう一つの違いは、築城した山の高さである。この両者の関係を他の西日本の古代山城も含めて比較してみたい。図86は城壁の最高地順に並べたものである。山城を比較する要素は立地、構造、規模などさまざまあると思うが、ここでは城を築くときにどの高さの山

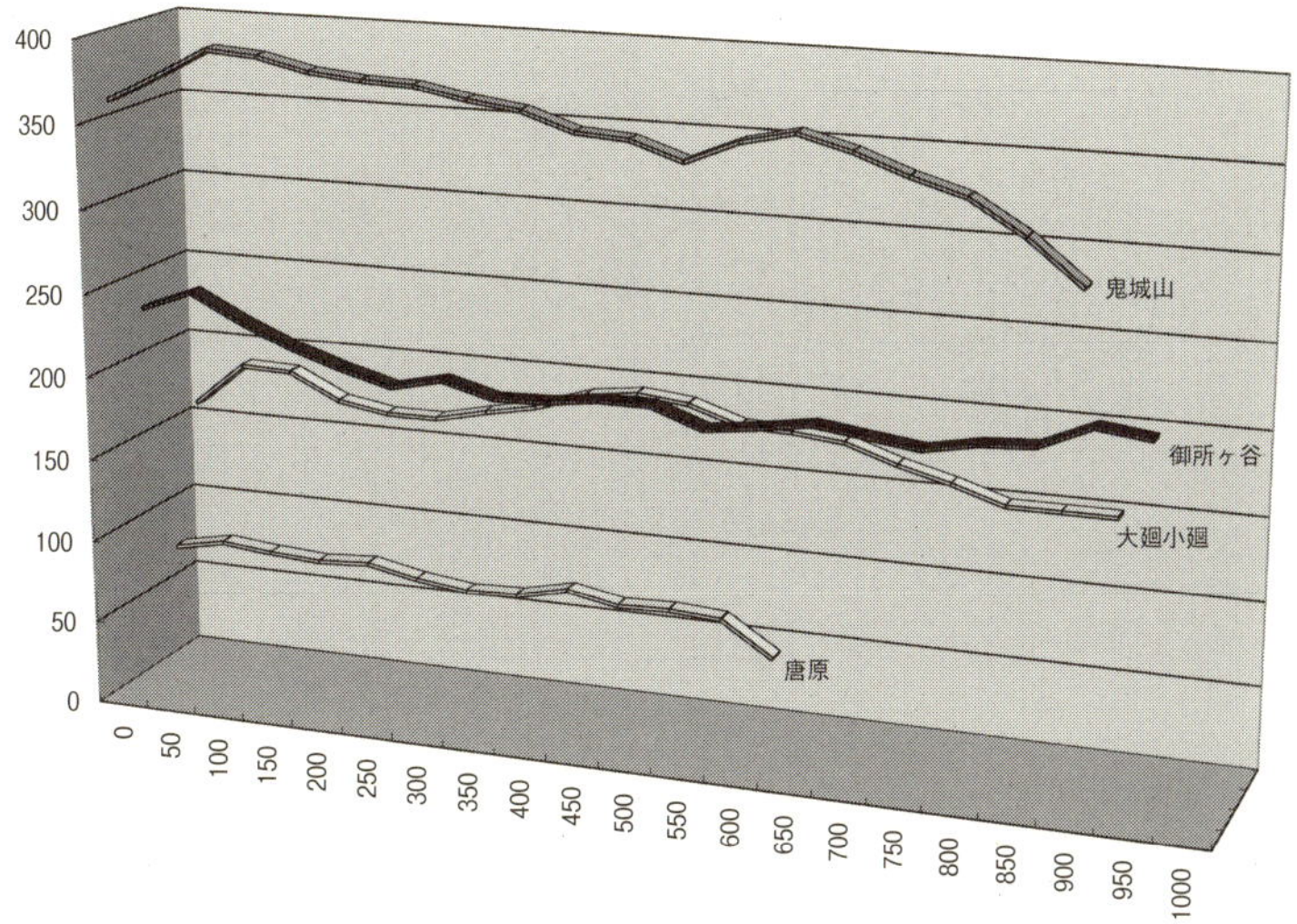

図86　西日本山城の築城高度比較

を選ぶかに注目した。山の高さは単に防御の優劣だけではなく、築城に関わる労力にも関係する。このため、どの高さの山を選ぶかは重要な要素になると考えた。

また表4では説明のために大きく四大別した。しかし、この大別は他の築城要素を含んでいないので一つの目安くらいに考えてほしい。また朝鮮式山城との比較も行っているが、現状では神籠石の築城時期が確定しているわけではないので区分している。

鬼ノ城はAに属し、讃岐の城山も含まれる。この表で気づくことは、朝鮮式山城の場合、築城が同じ年の城は山の高さも似ていることがわかる。大廻小廻山城はCに属し、B・Cの境周辺の山城は延長が三キロ以上ある。

表4　西日本の古代山地の標高比較

タイプ		朝鮮式山城		記載年			神籠石	
	標高	九州	瀬戸内	築城	修理	廃棄	九州	瀬戸内
A	500?		(常城)			719		
	485						雷山	
	470		(高安)	667	698	701		
	420							城山
	400	基肄		665	698			
	400	大野		665	698			
	392?		(長門)	665				
	385							鬼城山
	380						阿志岐	
B	335							石城山
	280		屋島	667				
	275	金田		667				
	250						高良山	
	240						御所ヶ谷	
	220?		(茨城)			719		
C	190						女山	
	190							大廻小廻
	160	鞠智			698			
	150						帯隈山	
	145						杷木	
D	110							永納山
	80						唐原	
	70						鹿毛馬	
	50						おつぼ山	

(三)　山城間の距離

次に、北部九州にある古代山城間の距離についてまとめたのが図87である。古代山城の築城契機が国際関係による防備施設建設と考えられることから、西からの玄関口である福岡湾とその背後の平野部を中心とした城間距離である。

ここでは、朝鮮式山城と神籠石式山城の活動時期が重なることから一つの表で取り扱うこととした。表に示した距離は地図上での直線距離である。主要な山城間はおおよそ二五キロ・二二

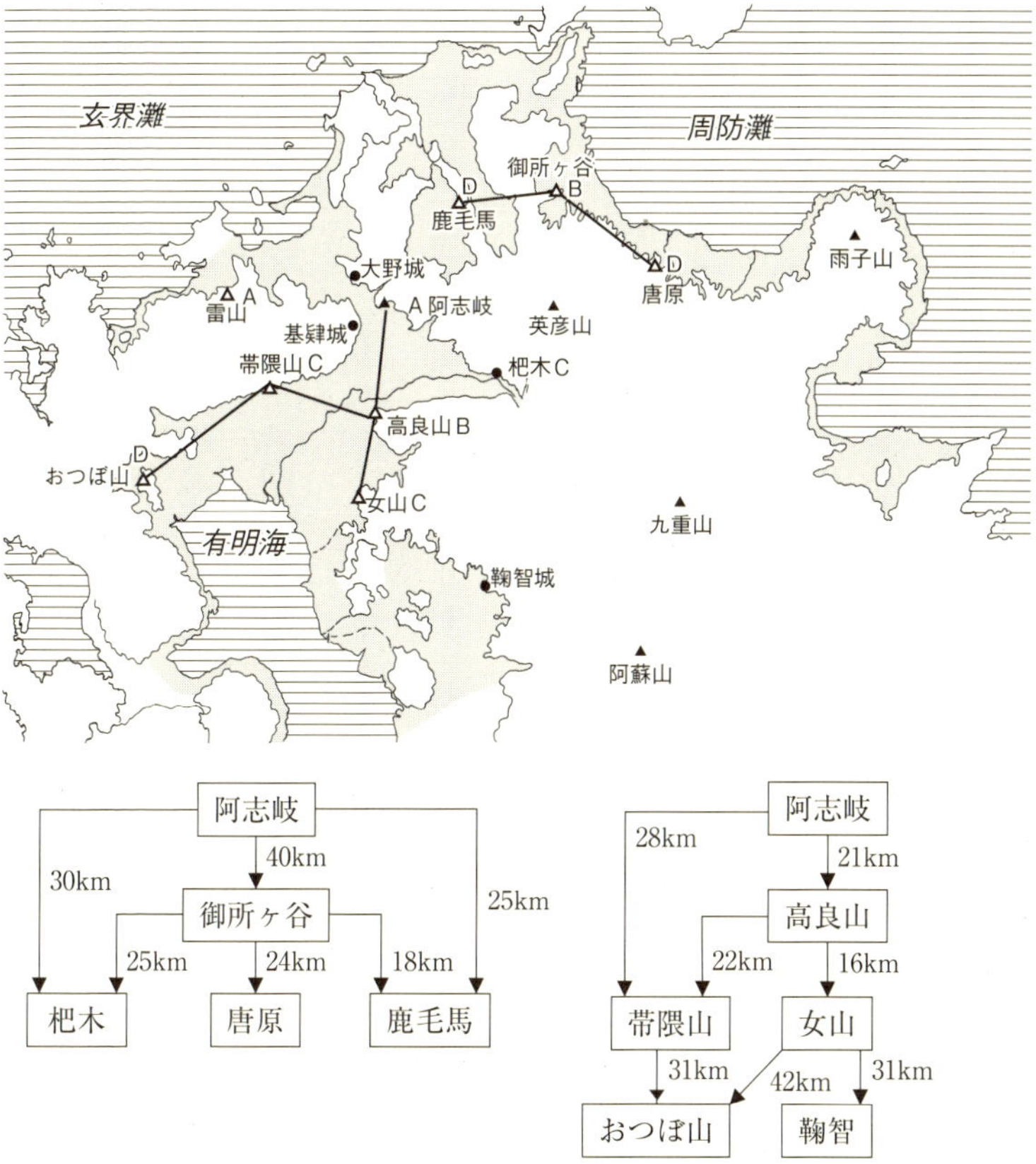

図87　九州北部の古代山城と主要山城の距離

キロ以内が中心で、鞠智・おつぼ山が三〇キロ以上となる。これは、それぞれの山城からでは約一一から一二・五キロで出逢える距離といえる。

七世紀後半代には主要幹線道である駅路が設けられ、原則的に三〇里（約一六キロ）ごとに駅家が置かれたといわれる。九州の古代山城はこの駅家と密接な関係があるともいわれている。駅家には馬と兵、さらに雑舎群がともない食糧を蓄える倉庫群があったと考えられ、戦闘時には重要な拠点としての役割があった。

各群では、A群が大宰府周辺に固まっていることがわかる。

次にB群に属するのが高良山と御所ヶ谷である。高良山は太宰府の南に位置し、有明海をのぞむ。御所ヶ谷は周防灘をのぞみ、ともに交通の要衝でもある。いずれも海を意識しているようである。

C群のうち把木・帯隈山はA群からつながる駅路沿いにあり、山の高さが一段と低くなる。

D群は、太宰府からかなり離れた地点や、城間が離れた地域の間を埋めるように設置されているように見える。

最初、高山に築かれた山城が、周辺に広がるにつれ低山に築くようになったとみることもできる。もちろんこれは図表から見られる傾向であり、今後の調査により各山城の築城年代が明らかになればより鮮明に築城の目的などが明らかになるだろう。

なお、D群に含めた唐原が、近年の調査により築城途中で放棄されたと推測されていることは興味深い。

Ⅵ　吉備（備中）の寺院

第一章の周辺の遺跡で述べたように、鬼ノ城の眼下には多くの古代寺院が存在する。

この古代寺院の多さは七世紀代のこの地において多くの勢力が存在していた証であり、吉備の中心地にあってきわめて重要な地域であったことを示している。これらの寺院を建立した多くの豪族が鬼ノ城築城にも関わったことは容易に想像される。また、寺院も戦時においては城としての機能があるといえるので、鬼ノ城眼下の古代寺院を簡単に紹介したい。

1　秦（原）廃寺

県内では最古の寺院と考えられる秦（原）廃寺は、新本川流域では唯一の寺院である。立地としては、南北に伸びる荒平山の山麓に沿うように配置されている。この地は高梁川右岸で、北には式内社の岩畳神社がある。代表的な古墳として寺院より南の丘陵上に三角縁神獣鏡を出土した秦上沼古墳・秦大丸古墳などの前方後円墳があり、さらに西方には竜山石製刳抜式横口式石槨を主体部に

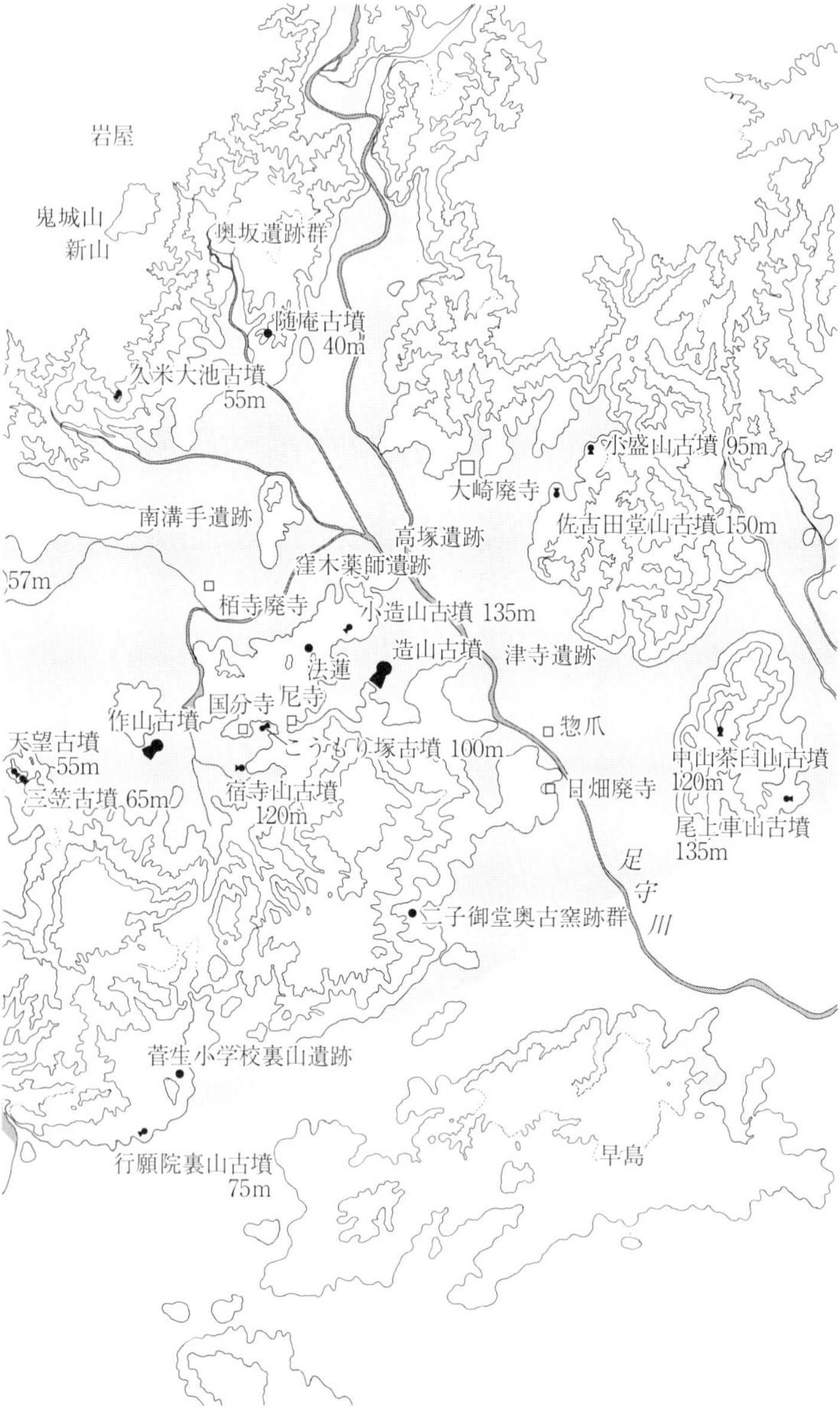
岩屋
鬼城山
新山
奥坂遺跡群
随庵古墳
40m
久米大池古墳
55m
小盛山古墳 95m
大崎廃寺
佐古田堂山古墳 150m
南溝手遺跡
高塚遺跡
窪木薬師遺跡
57m
栢寺廃寺
小造山古墳 135m
造山古墳
津寺遺跡
法蓮
国分寺
尼寺
作山古墳
天望古墳
55m
三笠古墳 65m
こうもり塚古墳 100m
宿寺山古墳
120m
物爪
日畑廃寺
中山茶臼山古墳
120m
尾上車山古墳
135m
足守川
二子御堂奥古窯跡群
菅生小学校裏山遺跡
行願院裏山古墳
75m
早島

周辺地形図

秦(原)廃寺
井山古墳
秦大丸古墳
56m
砂子遺跡
新本川
西団地内遺跡群
屋敷遺跡
高梁川
岡田廃寺
箭田大塚古墳
小田川
箭田廃寺
高徳寺跡
天狗山古墳
勝負砂古墳 70m
二万大塚 42m
38m
八高廃寺
酒津
寒田

図88　鬼ノ城

もつ長砂二号墳が所在する。秦廃寺はこれら古墳より北方に位置する。

新本川流域の前方後円墳の分布をみると、砂子古墳群と秦古墳群の二カ所に集中する。

秦では六世紀に金子石塔塚古墳が築かれ、横穴石室内には貝殻石灰岩製の家形石棺が置かれている。この棺材は、吉備の中枢のこうもり塚古墳等でも認められる吉備の有力者が好んだものである。このことからも、この石塔塚古墳の被葬者がこの時期に吉備の一翼を担う存在であったことがうかがえる。秦廃寺の位置は、こうした在来の勢力の本拠地からやや離れるが、この地域唯一の古代寺院であることから、新本川流域を統括する豪族として秦氏が成長していたと考えられる。なお、六世紀後半には多くの古墳群が築かれている。

この新本川流域では多くの七世紀代の製鉄遺跡が調査されている。その多くは久代・新本・山田など新本川の上流域に集中している。

秦（原）廃寺は過去の農地開発等により、寺院の中心地を残して畠と住宅になっている。中心地にはお堂があり、その周辺に塔心礎や礎石が集められている。

また、お堂の北にはかつて不動の礎石が並んで残っていた。この地は周辺より高く残されていたことや、その礎石が中心部に柱を固定するホゾ穴をもつことから金堂跡と推定される。ここからは押出仏が出土し、現在東京国立博物館で保存されている。先の塔心礎は不動と考えられていたが、確認調査により元の位置から北へ五メートル移動していたと考えられた。また現在ある南北道と平行して回廊と考えられる列石の一部が明らかになり、およその伽藍配置が想定できる。それによると、中軸線上に塔があり、金堂は塔の北西に位置する。講堂は金堂の東が考えられるが、この地は過去に開墾された場所である。

瓦では、七世紀前半の素弁八葉蓮華文軒丸瓦が二種類出土している。この瓦は県内では最古といわれていたが、近年これより古いと考えられる瓦が津寺遺跡・加茂政所遺跡から出土した。しかし、この遺跡では伽藍を示す礎石などは確認されていないため、寺院跡では秦（原）廃寺が県内最古といえる。最も多く出土する軒丸瓦は吉備式重弁蓮華文軒丸瓦で、七世紀後半に伽藍が整備されたと考えられる。この軒丸瓦にともなう軒平瓦は、顎面施文重弧文軒平瓦で、畿内の山背樫原廃寺のものが祖型と考えられている。

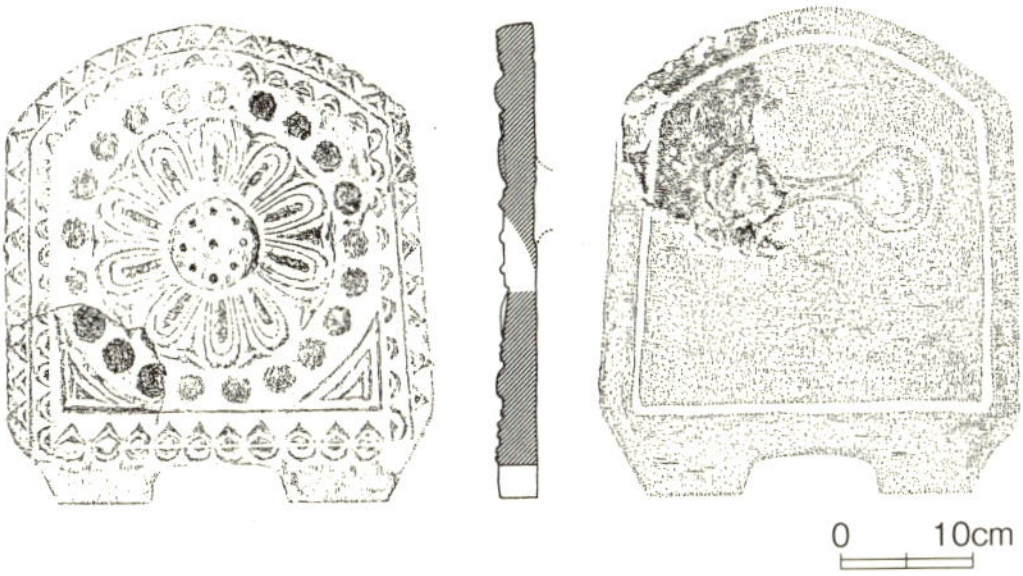

図89　秦（原）廃寺鬼瓦

2　大崎廃寺

この寺院跡は足守川の東岸にある低丘陵に挟まれた谷部に位置する。瓦が出土した場所は、田のなかに方形の雑種地が残されており、これが塔・金堂跡と推定され、南北に一直線に並ぶ四天王寺式と推定されている。しかし今のところ調査はされていない。

瓦は、七世紀前半の有稜素弁八葉蓮華文軒丸瓦が採取されている。また、備後の影響を受けた水切り瓦である素弁八葉蓮華文軒丸瓦が出土している。

3　箭田廃寺

小田川の北岸にある低丘陵の先端部に位置する寺院跡である。現在は真言宗御室派鏡林山吉備寺が所在し、境内地に心礎と礎石五個が残っている。六世紀後半の箭田大塚古墳が北約八〇〇《メートル》にある。

周辺から出土した二種類の鬼板をみると、その一つには単弁七弁蓮華文の奥山久米寺式軒丸瓦と同じ文様を用いている。このことから七世紀中葉頃には創建されていたと考えられる。もう一つは円頭形の吉備式蓮華文鬼板で、七世紀後半の時期が考えられる。この鬼板は重弁八弁と間弁を配し、その外に大粒の珠文二十個をめぐらしている。さらに外区には二重鋸歯文と二重半円文帯が施されている。

軒丸瓦では備中国分寺系のものが出土している。とくに注目されるのが宝相花文の軒丸瓦で、八世紀後半と考えられる統一新羅系の軒瓦である。

調査はされておらず、伽藍は不明である。

4　栢寺廃寺

この寺院跡は先に紹介した寺院跡と立地が大きく異なる。多くの寺院が丘陵もしくは丘陵に接した谷部に建物を配置するのに対し、栢寺は平野部の中心に位置する。この寺院跡の場所には近年まで江戸期に再建された賀陽山門満寺があり、礎石が石仏の台座などに転用されていた。しかし、無住となり建物は解体撤去され山門や石塔が残された。塔跡はまだ建物が残っていた一九七七（昭和五十二）年に岡山県教育委員会により確認調査が

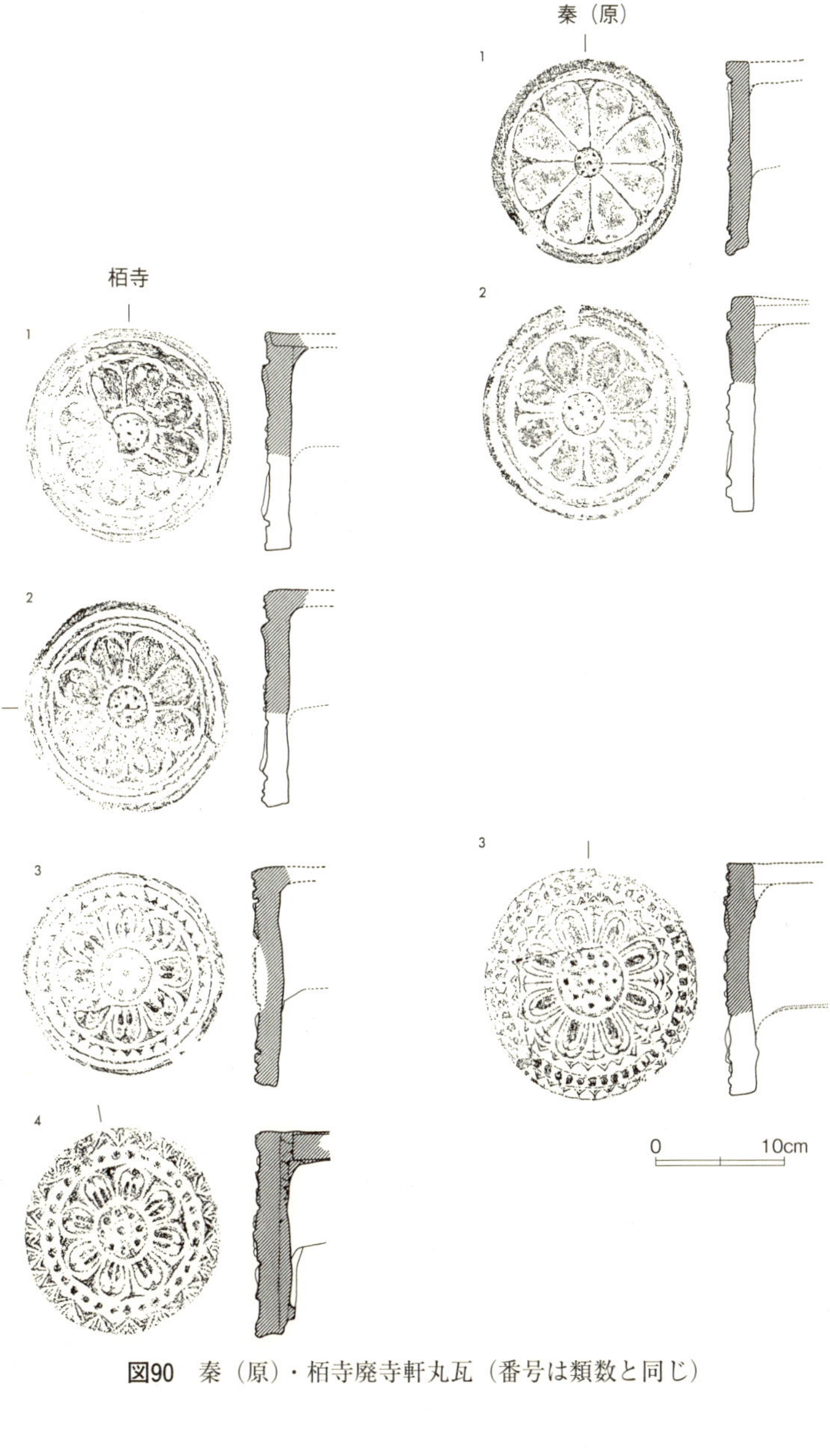

図90　秦（原）・栢寺廃寺軒丸瓦（番号は類数と同じ）

行われ、規模などが明らかになっている。塔基壇の規模は一辺一二・九メートルとしている。また赤色顔料が残る塼が出土していることから、基壇上面に敷かれていたと考えられる。建物撤去後、総社市が土地を購入したのにともない確認調査を行ったが、先の塔以外の建物は確認できなかった。このため、整備では塔の基壇を表示整備している。基壇化粧は瓦積みの可能性が指摘されているが、残存する箇所がなかったため基壇は土盛りとし、化粧までは行っていない。土盛りの高さは調査で推定された基壇の高さとし、礎石を配置している。

瓦は、軒丸瓦が六形式七種類知られている。最も古いと考えられる一類は、単弁八弁蓮華文で七世紀後半のものといわれている。また二類は前者に酷似した内区をもつが、圏線が二本になり中房内の蓮子に笵割れキズがある。備後・寺町廃寺の水切り瓦にも同じ笵割れが認められ、同笵と考えられており、前者から後者へ笵が移動したといわれている。

瓦の厚みは、薄いものから厚いものへ変化する傾向があり、内区の中房も小から大へ移行する。

四類が最も多く出土するいわゆる「吉備寺式」・「吉備式」とよばれるもので、複弁八弁蓮華文で、増幅した外区の文様帯に大粒の珠文三二個を置き、外縁に二一個の重鋸歯文を配し、その間を放射三線で埋めている。全体像がわかるので、詳細をみると、いくつかの特徴がうかがえる。図90のように文様を花弁単位に八分割してその様子をみてみよう。まず外区の珠文はそれぞれ均等に四個が配されている。また中心の蓮子は分割線上に位置するが、中心がやや上に位置するため四番目の線では他のものより区間が広くなる。外区の重鋸歯文は不揃いとなっている。分割線が重鋸歯文に大きくかかるのは最初の線と四番目であるが、

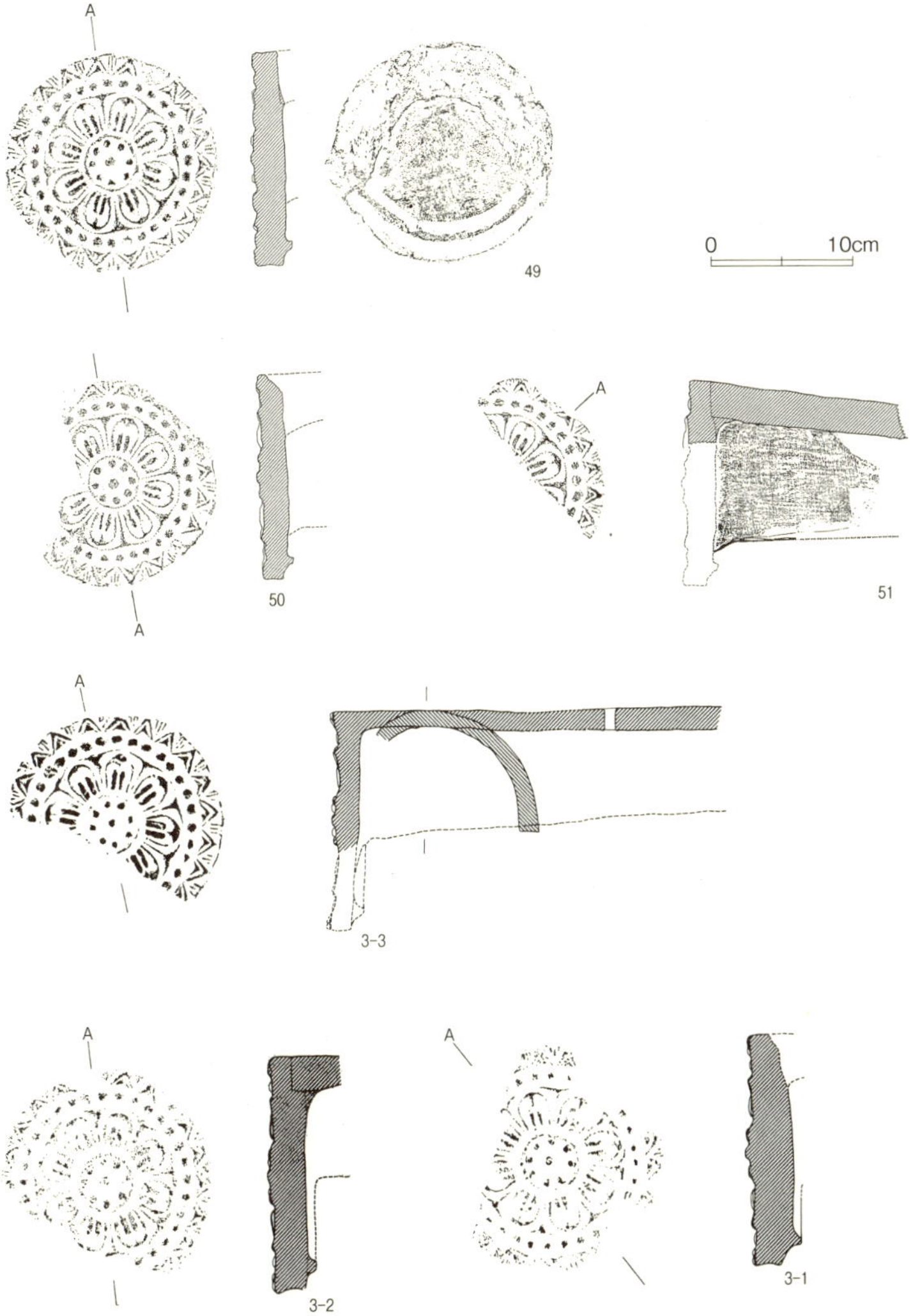

図91　栢寺廃寺軒丸瓦４類

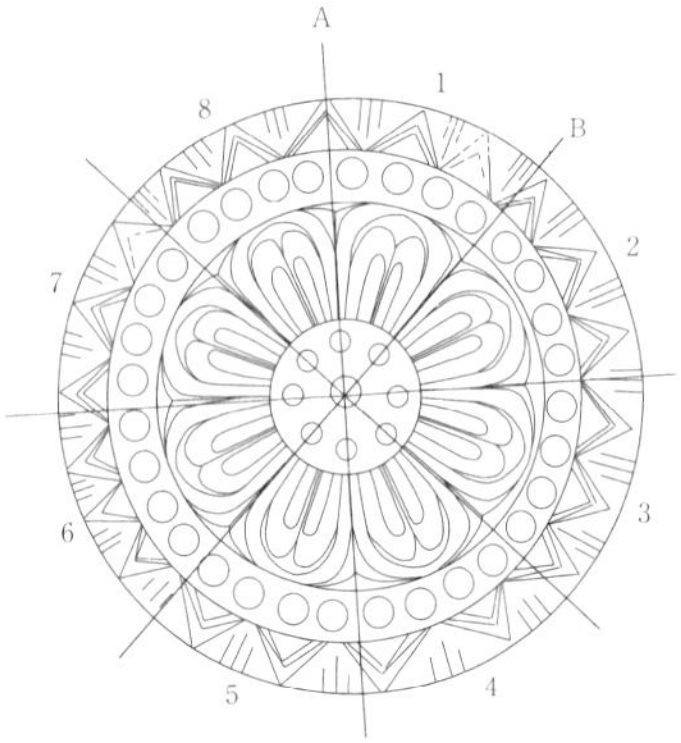

図92　文様割付模式図

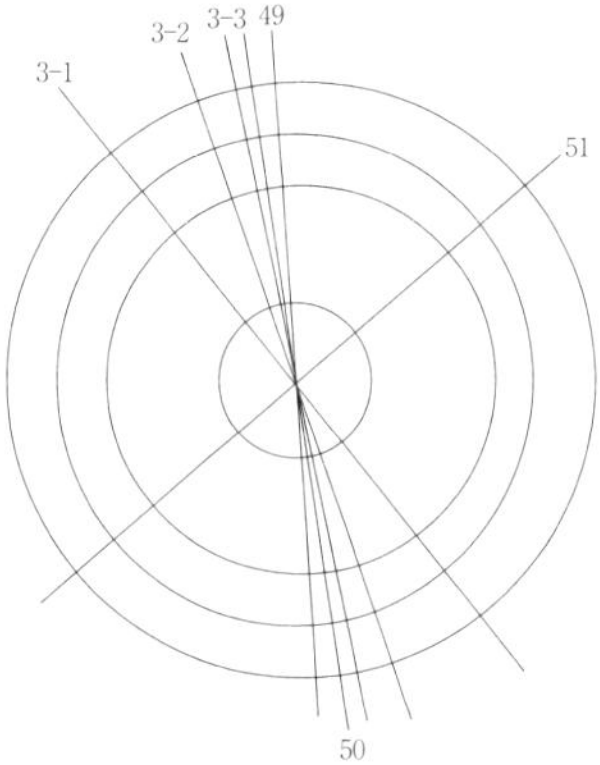

図93　基準線Aの位置変化集成図（図中の数字は図91の瓦番号にあたる）

重鋸歯文の傾きが逆であるため判別できる。こうした特徴から、既知の同笵瓦について先の中心線を基準として木笵の形状を検討した。

多くは図93のように右約一〇度付近に49、3-3、3-2があり、50は一八〇度回転したもので、木笵が一定の規制を受けていることが判明し、瓦当木笵が四角であった可能性も示唆する。しかし、なかには中心が左右に振れるものがある。これは左右に約四五度振れるもので、3-1、51である。基準線Aが左に約四〇度と右に約四五度のものができる。基準線Aが3-1の位置にあるものから九〇度回ったものが51である。これを説明するのは困難だが、基準線Aがもともと右に傾いていたため、木笵の外辺を修正して二本目の基準線Bが中心になるようにしたことが推定される。

瓦の文様の天地は木笵を刻んだ段階で決まって

いるが、蓮華文は天地を逆にしても文様は変わらない。このためか瓦製作時に木笵の向きが移動することになる。

この軒丸瓦より古い第Ⅰ類のものにおいては、

図94　秦廃寺Ⅲ類の笵傷

文様の彫刻が木目によって規制されていたことが指摘されている。四類の文様は吉備式の影響を受けた意匠と考えられおり、また秦廃寺の第Ⅲ類の笵傷（図94）の影響が鋸歯文間の放射三線になったと考えられているため、七世紀後半から八世紀初頭の年代といわれている。

5　その他の古代寺院

（一）日畑廃寺

足守川の西岸にある丘陵の東谷部に所在する。この丘陵には王墓山古墳があり、貝殻石灰岩製の組合式家形石棺が納められた六世紀後半の有力者の墓と推定されている。寺跡から南西約二・六キロには、日畑廃寺の瓦窯である二子御堂奥窯跡群がある。

発掘調査により、主軸は東西方向で、金堂・講堂が一直線に並ぶ四天王寺式が想定されている。

瓦は、素弁蓮華文軒丸瓦と吉備式重弁文軒丸瓦が出土している。吉備式軒丸瓦は秦廃寺と同笵で、七世紀後半の創建と考えられる。丸瓦の内側に枠板痕跡をもつ枠板連結模骨行基式丸瓦があり、備中では秦廃寺と真庭市の英賀廃寺にみられるようで、両寺ともに吉備式の軒丸瓦が出土している。

(二) 岡田廃寺

小田川の北岸の低丘陵から派生する小尾根の先端に近いところに位置する。現地の荒神社が所在する場所に四個の礎石が残されており、金堂跡と推定されている。

瓦は採集品で吉備式重弁蓮華文軒丸瓦、吉備式系単弁蓮華文軒丸瓦、重弧文軒平瓦、平城宮六六六三系均整唐草文軒平瓦が出土している。時期は七世紀末から八世紀前半と考えられる。

(三) 八高廃寺

小田川の南岸の丘陵から北に派生する尾根の先端部に位置する。箭田廃寺からは南西約三キロ離れている。礎石は中央に円穴をもつ塔心礎が知られている。

瓦は、吉備式軒丸瓦の流れに位置するものが出土している。鬼板は小片だが吉備式重弁蓮華文鬼板があり、八世紀前半の創建と考えられる。

6　吉備式瓦について

吉備式瓦は内区の花弁・間弁ともに重弁で、外区に内側から重鋸歯文、連珠文、重鋸歯文が巡る重厚で華麗な文様構成を示す。この瓦の使用が備中国に限られるため「備中式」とよぶことを提唱する考えもある。

使用寺院をみると、七世紀後半に秦廃寺、箭田廃寺、岡田廃寺、八高廃寺など高梁川西岸の新本川、小田川下流域を中心に吉備寺式瓦が認められ、さらに高梁川左岸の栢寺廃寺、日畑廃寺など吉備中心域でもこの吉備式瓦を採用している。このことを積極的に考えると、七世紀後半に鬼城山眼下の寺院において共通の連携意識があり同じ意匠が採用されたと理解できないだろうか。吉備式瓦はさらに広がりをもっているので、連帯の絆はより広範囲に及んでいたと思われる。

そこで気になるのが、『備中国風土記』逸文にある邇磨《にま》郷（現在の倉敷市真備町上・下二万）から二万の兵が集まり百済へ向かったという記事である。この数の信憑性もあるが、吉備の地の多くの豪族が参加したことを示しており、そうしたまとまりやその後の白村江の敗戦などが契機となり、寺院再整備時に共通する瓦の意匠を採用することとなったとも考えられる。

また、『日本霊異記』にあるように、百済救援軍に参加した備後国三谷郡の大領の祖先が無事帰還し、誓願により寺を建立する際に栢寺廃寺の瓦の木笵を使用したことは、両者の強いつながりを示している。さらに、笵傷をもつ古い木笵を使用し、かつその外にはみ出した粘土を三角につくり出し「水切り瓦」としている。この「水切り瓦」の原形は栢寺廃寺の近くにある大崎廃寺の「水切り瓦」であると考えられている。

Ⅶ　生まれ変わる鬼ノ城
——史跡整備と活用

1　史跡整備基本計画

史跡鬼城山の保護・保存および活用のための基本計画は、史跡の公有地化が図られた後に、総社市が策定した。これは一九九三（平成五）年に設置した「史跡鬼城山整備委員会」において協議し、作成されたものである。

なお、先に記述した総社市が実施した発掘調査は、この基本計画策定のための基礎資料を得るためのものであった。

基本計画では、整備の基本理念を「豊かな自然の中に蘇る古代山城　鬼ノ城　歴史と自然の野外博物館」と定めている。これは、鬼城山が標高約四〇〇《メートル》で吉備高原の南端に位置し、このため植生において平野部に見られない植物などが認められ、自然が豊かな地域であったことによる。また、吉備史跡県立自然公園や保安林など森林法や県条例などの規制がかかる地域でもあったことが、史跡整備において念頭に入れておかなければならない要件としてあったこともある。

具体的には指定地全体を大きく三区分し、さらにそれぞれの地区を細区分している（図95）。二〇〇一（平成十三）年から整備事業を実施しているのは城壁地区の復元地区に位置づけている範囲である。計画策定段階ではおおむね十年間をかけて復元地区・表示地区を含めた事業を進めていく予定としていた。

復元地区は、鬼ノ城近くの駐車場から登山すると最初に着く城壁である角楼から始まり、西門、

図95　遺跡指定地の地区区分図

図96　整備前の土塁

図97　第1期整備

高石垣、第0水門と鬼城山の城壁の主要な要素が集中する地区である。この角楼には既設の道路があり、整備にあたって資材の搬入が可能な場所でもあった。

この計画では、角楼から第0水門までの約一四〇《メートル》の復元地区の整備を行い、表示地区としては、南・東・北門および礎石建物等の整備を行うとしていた。

2　第一期整備事業

角楼から第0水門にかけては約二〇《メートル》の高低差があり、

城壁修復では最も低位にある第0水門から開始した。これは版築層を築くには最も低い位置から開始する必要があったからである。版築土塁を構築する際には、おそらく作業単位があったと考えられるが、鬼城山では区切りを示す痕跡は見つかっていない。このため連続する版築層を構築する必要があった。

また城壁は長大であるため、やや離れた位置から全体を見渡せる必要があることを指摘され、学習広場の設置を実施した。この広場への道は二〇〇六（平成十八）年度に施工した。

第一期整備事業の中心は復元地区の整備であった。事業期間は二〇〇一（平成十三）年から二〇〇四（平成十六）年までとしていたが、先の第0水門周辺で実施した最初の城壁修復が二〇〇四（平成十六）年五月に崩落し、その原因解明と修復工法の検討が必要になった。このため復元地区の最終年が二〇一〇（平成二十二）年までかかることになり、逆に表示地区の北門を先行して実施した。整備にあたっては遺構に直接関係する事項が多々あるため、調査を担当した職員が立ち会って協議しながら進められた。

（一）西門復元

西門の復元は、二〇〇二（平成十四）年から二カ年で行われた。この整備にともなう発掘調査は第Ⅲ章で記述したので、西門に関する問題をここでは記述する。

復元建物は文化庁の「建物等復元に関する検討委員会」で審査され認められた。ところが、この地は都市計画法で市街化調整区域にあたるため、建物の建築は許可されないことが判明する。しかし、これについては文化財の復元であるということなどから開発許可不要となった。とはいえ、建

図98　復元された西門と土塁（上）と門扉（下）

築基準法で掘立柱構造は認められていないことなど、種々の問題があることから工作物として建築した。このため西門の上部には通常立ち入ることができない。すなわち西門は、古代の城門建築を現在考えられる最良の姿で復元したものであり、景色を眺望することを目的として建てられた展望施設ではないのである。

　実物大の城門は遠くからも見え、近くでは見るひとを圧倒する大きさである。とくに通路部分の六本の柱のみならず、十二本柱とすることで門の規模を増大させている。柱の規模も大きく、建築当時では他に例を見ない頑丈な門であったと考えられる。寺院の朱塗り円柱とはまた異なった荒いが堅固な角柱で構築されているこの門は、往時としては卓越した建築技術によってつくられていたことを実感できる施設である。

　西門の建築部材は芯持ちの木材を使用することとしたが、国産材では材料費が多大になるため外材を用いた。鬼ノ城で出土した木材や炭の樹種同定から檜材を使用することとし、板材はチベットヒノキを、構造材は米ヒバを使用した。米ヒバは日本のヒバとは種類が異なり、ヒノキの仲間といわれている。

(二) 角楼表示

西門の建築と平行して角楼の表示整備を実施した。角楼は西門に近接し、その位置が西門背面側の尾根続きにあるため、防御と見張りを兼ねた施設と考えられる。しかし、国内では同種の遺構がほとんどなく、上面の施設を想定することが困難であるため城壁の高さまでの復元とした。

角楼の整備は土塁崩落後の整備であったため、角楼の版築については土木を専門とする大学教授らと工法について協議を重ね、整備委員会において検討した。土木の基本的な考えは、土で構築したものはいつの時点かで壊れることが前提となり、どのくらいの期間維持できる工作物なのかを考慮したうえで製作しなければならない。このため盛土の大部分を軽量のものとし、表面に版築層を築くこととなった。この版築層も石灰や白セメントなどを三％混入することで風化を遅らせることとした。この表面の版築層は十数年後には修復する必要があろうと思われるが、城壁全体が崩壊することはない。

(三) 土　塁

土塁の形状は時代・地域・立地などで異なることから、既設の保存修復先行例が参考となる場合とそうでない場合がある。鬼ノ城における土塁修復復元の場合は完全に後者にあたり、規模も含め国内では初めての経験で、その工法については多くの案が検討された。検討の結果、古代の版築になるべく近い工法でていねいに土を叩くこととなった。

土については、鬼ノ城は花崗岩の山でありなが

図99　表示整備された角楼と柱列

図100　復元された土塁と板塀

図101　整備前の土塁

ら、城壁のある山頂部分は流紋岩や細粒花崗岩が多く認められ、風化土も微細粒の砂であった。修復復元を行う版築の土は、本来使用していたと考えられる鬼ノ城で採掘した新鮮な土を使用することが不可能であることから、周辺に適当な採掘地を探したがみつからなかった。容易に得られる通常の花崗岩風化土では本来の鬼城山のものと比較すると違和感があるため、発掘調査で除去した版築層上の流土を篩処理して使用した。この処理時に土質改良も検討されたが、科学分析の結果から版築の土には石灰などの添加材の混入が認められなかったため、改良は行わなかった。

最初に土塁を修復復元した箇所は第0水門周辺である。この箇所が復元地区の東端で、最も低い位置になる。版築の構築は、下部から上部へ層を積み上げる作業となるため、低い位置から始める必要があった。ところがここで実施・完成した版築が七カ月後に崩落する。崩落した年は五月が長雨で、雨量が多く全国でも災害が発生していた。版築の崩落は予想外であったため、原因解明と今後の対策に時間を要した。

崩落の原因としては、以下のようなことが考えられた。第0水門周辺の版築は残りがよく、このため復元版築が薄くなり、はがれやすくなっていたが、これを避けるために版築層の途中に土木ネットを敷き込み、滑りを抑制していた。版築完成後に、版築下部で地下水の染み出しが観察されたが強制的に除去できるほどの量ではなかった。結果的にはこの染み出しが版築層の崩落に大きな影響を与えたと考えられる。

この地下水の染み出しは止まることはなく、土だけによる版築では修復復元は困難と判断された。したがってここでは、遺構を保護し、復元地区全体の景観も一体的に整備するための工法が採用された。それは、骨組を作成し、それに軽量の盛土を充填して軽量化を図り、表面に薄い版築層を構築するものであった。この薄い版築層は今後の修復においても作業が可能となる程度と判断される。

とはいえ、土だけによる版築が今回の崩落で否定されるものではなく、第0水門東部分では当初復元した版築が現在でも表面は風化してきているがしっかり残っている。

(四) 北門表示

復元地区以外で整備が完了しているのが北門跡

である。北門は復元整備ではなく、柱や板壁の位置を示す平面表示で整備を行っている。城外からの出入りのための木製階段を設置しているが、これは来訪者の利便を図るためのもので、復元階段ではない。将来的には南・東門も同様な平面整備を行う計画である。

図102　（平面）表示整備された北門の内側（上）と外側（下）

（五）学習広場

二〇〇一（平成十三）年度に設置した学習広場へ行くスロープが二〇〇六（平成十八）年に完成し、復元整備が進んでいる復元地区を一望する学習広場の利便性が大きく向上しており、多くの来訪者に好評を得ている。また、北門の表示整備もほぼ完成し、鬼城山には規模の異なる門があることを示すことができた。本遺跡を見学する折にはぜひ各門を比較して見てもらいたい。

（六）ガイダンス施設

二〇〇六（平成十七）年八月に総社市鬼城山ビジターセンターが開館した。この施設は、ウォーキングセンター棟・展示棟・トイレから成る。

図103　鬼城山ビジターセンター

図104　展示施設

展示棟では、鬼ノ城の概要をパネル・模型・ビデオで解説している。

3　今後の整備と活用

鬼ノ城の整備は現在も進行している。復元地区が完成するのは二〇一〇（平成二十二）年度の予定である。この期間で整備されるのは主として城壁部分であり、城内部分の整備が課題として残っている。

この課題については、岡山県教育委員会が二〇〇六（平成十八）年度から鬼ノ城の謎解明に向けて城内発掘調査を開始している。成果が報告されるのは二〇一二（平成二十四）年度の予定である。

しかし、鬼ノ城は整備が始まる前からも多くの来訪者が訪れていたし、整備中も同様であった。つねに多くの人が関心をもち、また、愛着をもって訪れている。今後もその魅力が持続するよう努力していく必要があると考えている。

鬼ノ城見学ガイド

交通案内

徒歩　ＪＲ吉備線服部駅から約５km

ＪＲ　総社駅からタクシーで約20分

車　国道180号線、国分寺口から北へ約６km

岡山・総社 I.C から約８km

問い合わせ先

①総社市鬼城山ビジターセンター

住所　〒719-1105　総社市黒尾1101-2

電話　0866-99-8566　ＦＡＸ　0866-99-8566

②総社市教育委員会　文化課文化財係

住所　719-1192　総社市中央１丁目１番１号

電話　0866-92-8363　ＦＡＸ　0866-92-8397

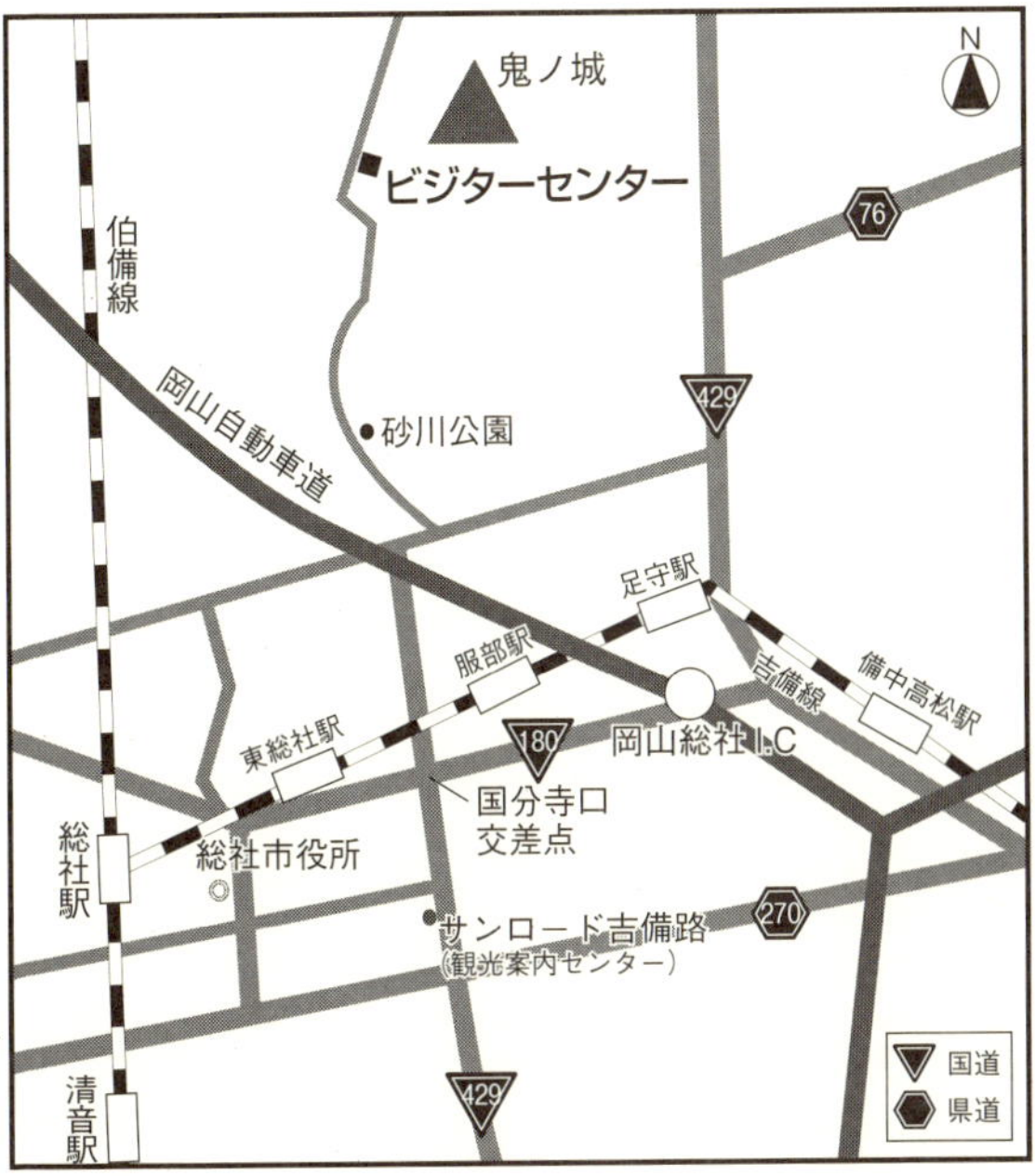

鬼ノ城築城〜存続期の関連年表

日本列島

四七八	武　六国諸軍事安東大将軍倭王
五〇二	武　征東大将軍　（梁書）
五二八	筑紫磐井の反乱が鎮圧される
五三六	蘇我稲目大臣となる
五五五	吉備五郡に白猪屯倉をおいた
五六二	伽耶の権益を失う
五九五	高句麗の慧慈来朝
六〇七	小野妹子　遣隋使
六三〇	遣唐使
六四三	飛鳥板蓋宮〜
六四五	乙巳の変
六四七	新羅　金春秋来朝
六五一	新羅　唐服で来朝
六五八	阿部比羅夫　北方遠征
六六五	遣唐使
六七二	壬申の乱
七〇一	大宝律令

中国・朝鮮半島

四六〇	百済　宋に入貢し鎮東大将軍
四七六	高句麗　百済を討つ、百済熊津に遷都
五三二	金官国新羅に降伏
五三八	百済　熊津から泗沘へ遷都
五五四	聖王戦死
五六二	伽耶諸国の滅亡
五九八	随の高句麗征討開始
六〇〇	遣隋使　（随書）
六一八	唐が起こる
六一九	高句麗　唐に朝貢
六二一	高句麗・新羅・百済　唐に朝貢
六四二	高句麗　泉蓋蘇文クーデタ
六四六	高句麗　唐に謝罪
六五四	新羅王金春秋を冊封
六六〇	唐・新羅　百済の都を攻撃　百済滅亡
六六八	唐　高句麗を滅ぼす

参考文献

出宮徳尚　一九九二「瀬戸内の古代山城」『新版古代の日本』4　角川書店
伊藤武士　二〇〇六「秋田城跡」『日本の遺跡12』同成社
今村峰雄・小林謙一編　二〇〇七「高精度年代測定法の活用による歴史資料の総合的研究」『国立歴史民俗博物館研究報告　第一三七集』大学共同利用機関法人人間文化研究機構　国立歴史民俗博物館
井上秀雄　二〇〇四『古代朝鮮』講談社
宇治谷　孟訳　一九八八『日本書紀』下　講談社学術文庫834　講談社
岡本寛久　一九九二「「水切り瓦」の起源と伝播の意義」『吉備の考古学的研究』山陽新聞社出版局
岡山県　一九九一『岡山県史　原始・古代Ⅰ』
門脇禎二　一九九二「吉備の古代史」『NHK　BOOKS』六四八　日本放送出版協会
狩野　久　二〇〇〇「古代国家の発展と吉備」『県史33　岡山県の歴史』山川出版社
狩野　久　二〇〇五「山城と太宰・総領と「道」制」『永納山城跡』西条市教育委員会
亀田修一　二〇〇四「五世紀の吉備と朝鮮半島」『吉備地方文化研究』第14号　就実大学吉備地方文化研究所
亀田修一　二〇〇八「吉備と大和」『古墳時代の実像』吉川弘文館
韓国教員大学歴史教育科　二〇〇六『韓国歴史地図』平凡社
鬼頭清明　一九八一「白村江」『教育社歴史新書〈日本史〉』33
葛原克人　一九九四「朝鮮式山城」『日本の古代国家と城』新人物往来社
葛原克人　一九八一『吉備古代山城鬼ノ城』山陽カラーシリーズ21　山陽新聞社
熊谷公男　二〇〇一「大王から天皇へ」『日本の歴史』03　講談社
佐伯有清編訳　一九八八『三国史記倭人伝』岩波書店

山陽新聞社　一九八〇『岡山県大百科事典　上・下巻』
湊　哲夫・亀田修一　二〇〇六「吉備の古代寺院」『吉備考古ライブラリィ・13』吉備人出版
総社市　一九八七『総社市史　考古資料編』
坪井清足　一九六一「城柵の設置」『世界考古学大系』4　日本Ⅳ　平凡社
坪井清足ほか　一九八〇『鬼ノ城』鬼ノ城学術調査委員会
高橋　護　一九七六「鬼城山・築地山」『考古学ジャーナル』27
西嶋定生　二〇〇〇「古代東アジア世界と日本」岩波書店
日本文教出版　一九七七『備中誌』下編
村上幸雄・葛原克人　二〇〇二『古代山城・鬼ノ城を歩く』吉備人出版
村上幸雄・乗岡　実　一九九九「鬼ノ城と大廻り小廻り」『吉備考古ライブラリィ・2』
山手村　二〇〇四『山手村史　本編』
吉田光男編　二〇〇四『日韓中の交流』山川出版社

〈発掘調査報告書等〉
岡山県教育委員会　一九七四「二子御堂奥古窯跡群」『岡山県埋蔵文化財発掘調査報告』第二集
岡山県教育委員会　一九七九「栢寺廃寺緊急発掘調査報告書」『岡山県埋蔵文化財発掘調査報告』34
岡山県教育委員会　一九八八「上竹西ノ坊遺跡」『岡山県埋蔵文化財発掘調査報告』69
岡山市教育委員会　一九八九『大廻小廻山城跡発掘調査報告』
岡山県教育委員会　一九九三「窪木薬師遺跡」『岡山県埋蔵文化財発掘調査報告』86
岡山県教育委員会　二〇〇六「国指定史跡鬼城山」『岡山県埋蔵文化財発掘調査報告』203
岡山県古代吉備文化財センター　二〇〇八「所報吉備」44

岡山県古代吉備文化財センター　二〇〇九「所報吉備」46
岡山県古代吉備文化財センター　二〇一〇「所報吉備」48
倉敷埋蔵文化財センター　一九九七『倉敷埋蔵文化財センター年報』4
総社市教育委員会　一九八五「法蓮古墳群」『総社市埋蔵文化財発掘調査報告』2
総社市教育委員会　一九九一「水島機械金属工業団地協同組合西団地内遺跡群」『総社市埋蔵文化財発掘調査報告』9
総社市教育委員会　一九九七「鬼ノ城　角楼および西門の調査」『総社市埋蔵文化財調査年報』7
総社市教育委員会　一九九八「鬼ノ城　南門跡ほかの調査」『総社市埋蔵文化財調査年報』8
総社市教育委員会　一九九九「鬼ノ城　西門跡および鬼城山周辺の調査」『総社市埋蔵文化財調査年報』9
総社市教育委員会　一九九九「奥坂遺跡群」『総社市埋蔵文化財発掘調査報告』15
総社市教育委員会　二〇〇一「鬼ノ城　登城道および新水門の調査」『総社市埋蔵文化財調査年報』11
総社市教育委員会　二〇〇三「三須地区県営農業基盤整備事業に伴う発掘調査」『総社市埋蔵文化財発掘調査報告』16
総社市教育委員会　二〇〇五「鬼ノ城」『総社市埋蔵文化財発掘調査報告書』18
総社市教育委員会　二〇〇六「鬼ノ城　二」『総社市埋蔵文化財調査報告書』19
総社市教育委員会　二〇〇七「平成一七年度　史跡整備に伴う鬼ノ城の発掘調査概要」『総社市埋蔵文化財調査年報』16
総社市教育委員会　二〇〇八「史跡整備に伴う鬼ノ城の発掘調査」『総社市埋蔵文化財調査年報』17
総社市教育委員会　二〇〇九「大文字遺跡」『総社市埋蔵文化財発掘調査報告』20
総社市教育委員会　二〇一〇「上原遺跡発掘調査報告」『総社市埋蔵文化財調査年報』19

あとがき

一九八〇（昭和五十五）年に鬼ノ城学術調査の報告書である『鬼ノ城』が刊行された。この時点では城塁線を歩いていても山道を歩いているのと大差なく、水門部分でやっと古代山城であることがわかる状況だった。ただ、山頂からの景観はすばらしく、吉備の平野を一望し、天候によっては四国まで眺望することができた。

その鬼ノ城が今日のように、西日本の古代山城のなかで最も調査が進み、また整備することで遺構の保存が図られ、古代山城を実感してもらえるようになったのは、鬼ノ城の地権者であった故横田武夫氏をはじめ地元の人々の協力、また坪井清足先生をはじめ鬼城山整備委員会の先生方の指導があってのことといえよう。

この本については、文化庁から総社市に話しがあり、筆者が執筆することとなったのであるが、内容については、今まで多くの方が積み上げてきた成果をまとめ、さらに興味を抱いた方に資料提供できれば、との考えから構成したものである。とはいえなかなか筆が進まず、編集者の工藤龍平氏にはご心配をおかけした。あきらめずに待っていただき感謝する次第である。

ともあれ、まだまだ鬼ノ城のなぞは解明されていない。内容は途中経過であり、今後刊行される『鬼城山環境整備事業報告書』や岡山県の『鬼城山城内確認調査報告書』でさらに多くの資料が公開されるだろう。それらを踏まえ、さらに内容が充実した『鬼ノ城』が再び登場することを願っている。

先に書いたように、この本の主な部分は総社市埋蔵文化財学習の館館長である村上幸雄氏を中心とした発掘調査成果があってのことである。また、図・写真など資料の掲載等については、以下の機関や方々にご協力を頂いた。深くお礼申しあげます。

文化庁・岡山県教育委員会・総社市・総社市教育委員会・亀田修一

最後に、岡山県の史跡整備に積極的に取り組んでこられ、急逝された鬼城山整備委員会委員の葛原克人先生、高梁市教育委員会の森宏之さんに感謝の言葉を捧げたい。

菊池徹夫
坂井秀弥　企画・監修「日本の遺跡」

42　鬼《き》ノ城《じょう》

■著者略歴■

谷山雅彦（たにやま・まさひこ）

1956年、岡山県生まれ
岡山理科大学理学部応用化学科卒業
現在　総社市教育委員会文化課主幹

主要論文等
『総社市史』考古資料編、1987年。
「農耕社会の発展」『総社市史』通史編、1998年。
「古墳群について」『西団地内遺跡群』1991年。

2011年2月5日発行

著　者　谷　山　雅　彦
発行者　山　脇　洋　亮
印　刷　亜細亜印刷㈱
製　本　協栄製本㈱

発行所　東京都千代田区飯田橋4-4-8
（〒102-0072）東京中央ビル　㈱ 同成社
TEL　03-3239-1467　振替　00140-0-20618

ISBN978-4-88621-548-2 C3321